政治と宗教

この国を動かしているものは何か

Politics and Religion

島田裕巳 *Hiromi Shimada*
×
前川喜平 *Kihei Maekawa*

徳間書店

政治と宗教

この国を動かしているものは何か

島田裕巳
×
前川喜平

徳間書店

はじめに

文部科学省の事務次官だった前川喜平さんと、宗教学者である私、島田裕巳との対談企画が持ち上がったのは、かなり前のことでした。前川さんは、文化庁宗務課の課長として宗教行政に携わった経験があり、私と話をすることで、その経験の意味するところがより鮮明になると考えられたからでした。

いろいろと事情があり、なかなか実現しなかったのですが、２０２２（令和４）年７月に安倍晋三元首相の狙撃事件が起こったことで、急遽それが実現することになりました。

狙撃事件の容疑者は、安倍元首相が世界平和統一家庭連合（以下、旧統一教会）の関連団体のイベントにビデオ・メッセージを寄せていて、それを知ったことで、ターゲットを教団の幹部から、安倍元首相に変えたというのです。

まだ裁判も行われていないので、容疑者の動機ははっきりしていません。しかし、事件後に旧統一教会と安倍元首相だけではなく、自民党の議員との関係が次々と報じられ、この問題に対する世間の関心はより強いものになっていきました。

そして、一方では、旧統一教会の霊感商法や高額献金の被害者に対する救済をどのようにしていけばいいのかが議論になり、法制化が進められました。

さらに、旧統一教会が、そうした面で不法行為を行ってきたことに対して、宗教法人解散を行うべきだという声が強まってきました。政府はそうした声に押される形で、解散命令請求を行う方向に舵を切るようになったのです。

はたして、解散命令請求はなされるのでしょうか。解散命令請求の前段階として、政府は２０２２（令和４）年11月に宗教法人法にもとづく「質問権」を行使しています。さらには、その実効性の有無はともかく「被害者救済新法」が同年12月10日に成立しました。ただ、現時点では将来における事態の進展がどうなるのか、それを完全に見通すことはできません。これからも、紆余曲折があることが予想されます。

考えてみれば、前川さんのおられた宗務課と深く関わる宗教法人法のことが大きな話題になるのは、はじめてのことではないでしょうか。

オウム真理教事件の後には、宗教法人法のことが議論になり、実際に改正も行われました。しかしその際には、むしろ破壊活動防止法の団体適用を行うべきかどうかが焦点になり、宗教法人法が大きく取り上げられたわけではありません。いくら宗教法人法を改正したとしても、それが無差別大量殺人の防止に役立つわけではないからです。

その点で、今日の事態は私たちがはじめて経験することであり、多くの人たちが宗教法人や宗教法人法ということに強い関心を持つようになりました。

しかし、法律というものは理解が難しく、いったい宗教法人法とは何なのか、ほとんどの人は知りません。日常の暮らしのなかで、それを知る必要などないのです。

まして、それがどのように運用され、宗教法人とは何かということになれば、その理解が十分になされているとはとても言えない状況にあります。

世論調査では、解散命令請求をすべきだという声が多数派を占めています。ただ、解散命令請求とは何なのか、実際にそれが認められたとき、何が起こるのか。そこまでの認識は、まだ十分ではありません。

そこに、この対談の意義があると言えます。

私の場合には、長く新宗教の研究をしてきて、その分野の著書もあります。旧統一教会についてはは詳しく研究してきたというわけではありませんが、それに手をつけようと、信者が共同生活する「ホーム」に出かけていき、彼らの教義である統一原理の講義を受けたこともありました。その後も、最低限のウォッチはしています。

オウム真理教や創価学会については、いくつかの本を出してきました。また、日本の新宗教全体を概観したような本を出したこともあります。

一方、前川さんは、オウム真理教事件によって宗教法人法が改正された直後に、宗務課の課長職に就き、宗教行政に深く携わった経験を持っています。しかも、このところ話題になっている旧統一教会の名称変更のことにも関わった経緯があります。重要な時期に宗教行政に関わったわけですが、彼のように優秀な官僚であったからこそ、難しい時期の宗教行政を担わされたとも言えます。その点で、貴重な経験をしてきているわけです。

しかも、これは私も対談をするなかで知ったことですが、前川さんには宗教的な背景があります。その具体的な中身は、対談の第五章で触れられていますが、そうした背景を持ちながら宗教行政に携わったことも、前川さんならではです。それがなければ、今回の対談は成り立たなかったのかもしれません。

日本人は無宗教だと言われ、そのように自分たちのことを考えている人たちも少なくありません。

しかし、実際には無宗教ではなく、むしろ宗教と深く関わっています。神社に参拝に行けば、仏教式で葬儀をする。無宗教は表向きで、実際には日本人独自の信仰生活を送っているのです。

旧統一教会に対する批判が厳しいのも、その信仰が多くの日本人の信仰とは著しく異なるものだからでしょう。旧統一教会はキリスト教がベースになっていますが、日本人はキリスト教の信仰をおおむね受け入れてきませんでした。信者は少数にとどまっています。しかも、旧統一教会は韓国で生まれたので、韓国の文化の影響を受け、一般のキリスト教からはかなり変容しています。それも異質さを感じさせる大きな要因になっています。ただ、それでもなおこの教団に関心を持ち、信仰を共有する人間が現れたことも事実です。究極的には、この問題をどう考えるかが重要ですが、ここでは宗教行政との関わりという面で問題をとらえています。

はたして旧統一教会は解散させられることになるのでしょうか。本書での議論がそれを考えるうえで一助になるのだとしたら、対談を行った意義は十分にあったことになります。

なお、本文中で詳細な説明が必要だと思われる箇所には「注」を記し、巻末に「より理解を深めるためのキーワード解説」を付記しました。参考にしていただければ幸いです。

２０２２（令和４）年12月

対談者を代表して

島田裕巳

目次

はじめに ――3

第一章
国は宗教団体をどのように扱ってきたか

ＧＨＱの神道指令により国家神道の解体へ ――16
完全ではなかった国家神道の解体～温存された宮中祭祀・靖国神社 ――17
戦前から戦後にかけての宗教の扱いの変遷 ――21
オウム事件をきっかけに宗教法人法を改正 ――23
宗教法人法改正の三つのポイント ――24
当時の与謝野文部大臣が尻込みする役人を抑えて決断 ――26

東京都議会と公明党の「複雑な関係」――31
宗教法人法改正による副次的効果や認証に臨む姿勢の変化――35

第二章
自民党と創価学会・公明党の関係性とは
～連立政権における公明党の功罪～

自公連立に至る背景には複雑な歴史があった――40
言論出版妨害事件で変わった創価学会と公明党の関係――44
官僚の間では公明党の議員に対する評価が高い――46
教育基本法の柱を維持できたのは公明党のおかげ――48
公明党議員に対する創価学会の監視は厳しかった――50
創価学会と公明党議員の関係は希薄になってきている――53
教育委員会制度の改革でも公明党がブレーキ役に――54

公明党の存在が政権の極端な右傾化を防いできた ――58
自民党にとって公明党はありがたい存在 ――60
公明党は憲法改正にどこまで付き合うのかが心配 ――63

第三章
旧統一教会をめぐる諸問題の現状
～安倍元首相銃撃事件で再注目～

旧統一教会の名称変更が認証された背景には政治的圧力があった？ ――68
認証時の文科大臣だった下村さんは関与を否定しているが…… ――72
「反共」のスタンスが自民党と旧統一教会の関係を深めた ――79
旧統一教会の影響力はさほど大きくない？ ――82
日本にも「反セクト法」のようなカルト対策が必要 ――88

第四章

戦前回帰志向の流れと日本会議・神社本庁

日本会議とはどのような団体なのか？——98
靖国神社の国家護持運動の展開——102
靖国神社と国の関係は断ち切られたわけではない——105
政教分離の原則に大きな影響を与えた「津地鎮祭訴訟」——107
首相の靖国神社公式参拝とA級戦犯合祀——109
神社本庁が作り出したビジネスモデル——112
安倍政権下で強まった憲法改正、戦前回帰の志向——117
教育勅語の復活を目指そうとする動き——119
宗教的なバックボーンがないと道徳を教えるのは難しい——125

第五章
日本人は宗教への関心、理解を深める必要がある

祖父・父の影響で仏教に関心を抱いた前川氏 ―― 130
島田氏が宗教学に進んだ経緯 ―― 134
宗教に対して否定的な傾向が強い教育界 ―― 139
日本史の授業では宗教が軽視されている ―― 141

第六章
安倍元首相国葬と旧統一教会に対する解散命令請求

時期の判断を誤った安倍元首相の国葬 ―― 148
無宗教と言いながら安倍国葬は国家神道そのもの ―― 152
安倍国葬が宗教性を帯びた背景にあるもの ―― 156

岸田内閣が解散命令を請求するかどうかが本気度の試金石 —— 160
民事事件での解散命令請求は前例がないがやる価値がある —— 162
もし旧統一教会が解散したら、その後はどうなるのか？ —— 168
自民党はほとぼりが冷めるのを待っている —— 173
宗教2世の問題は子どもの人権侵害を浮き彫りにしている —— 178
より理解を深めるためのキーワード解説 —— 183
補足説明 —— 209

第一章

国は宗教団体をどのように扱ってきたか

ＧＨＱの神道指令により国家神道の解体へ

――まず、基本的なことですが、なぜ政治と宗教を切り離さなければならないのか。戦前から戦後にかけて、宗教や神道《しんとう》がどう扱われてきたかという流れとともに、島田先生に伺います。

島田　日本が戦争に負けたことが、決定的な出来事でした。ＧＨＱ（連合国軍最高司令官総司令部）が神道指令[注1]を発したのが最初で、これが戦前の政治と宗教とは異なる関係を作るという方向に動く一番のきっかけでした。

ちなみに、国家神道という言葉は戦前から使われていましたが、一部の政治家や学者の間で使われるものであり、一般に使われる言葉ではありませんでした。広く戦前の宗教体制を指して国家神道という表現が用いられるようになったのは、この神道指令が発せられて以降のことです。

ＧＨＱでは、戦前は政府と神道界が一体の関係で戦争を鼓舞したと認識しており、国家神道を解体することを重要な課題としました。そこで、神道指令によって、政治と宗教の徹底的な分離を図ることにしたのです。

これにより、戦前は国によって保護されていた神社に対し、国や地方公共団体などの公的機関が支援、監督、財政的な援助を行うことが禁止されました。神職は、実質的な公務員として俸給を与えられていましたが、これも廃止されました。また、国家主義的、軍国主義的なイデオロギーを宣伝、流布すること、国家神道や軍国主義と密接にした「大東亜戦争」や「八紘一宇《はっこういちう》」といった言葉を公文書で使用することなども禁止されました。

ＧＨＱはこのような方針で臨み、それが日本国憲法に反映されて、政教分離、信教の自由という二つの柱ができあがったのです。

完全ではなかった国家神道の解体～温存された宮中祭祀・靖国神社

島田　ただしＧＨＱは、国家神道の解体と言ったときに、おそらく、あまりよく日本のことをわかっていなかったと思います。宮中祭祀《さいし》と靖国神社が明治以降にできたという認識がなく、国家神道の基盤がその二つであることに気がつかなかったように思います。

神道指令のなかでは、宮中祭祀について一言も触れられていません。大日本帝国憲法においては、天皇は国家の統治者であり、軍隊を指揮する権限が与えられています。しかしながら、一部の政治家、軍部が実質的に権力を支配していて、天皇は体制維持のために利用されただけだとみなしていたのでしょう。

そのために、近代に成立した天皇制の存続を許し、現実の日本の権力者が支配のために宗教を利用しなければ、軍国主義の体制が続くことはないと判断しました。したがって、宮中祭祀は神道指令の対象とはならず、皇室が私的に営む信仰として温存することになったのです。

宮中祭祀とともに温存されたのが、靖国神社です。靖国神社は民間の宗教団体として、一宗教法人として残されることになりました。

戦前、神社には社格制度が設けられていて、社格によって国からの支援の程度が異なっていました。しかし、戦後に社格制度が廃止され、靖国神社は別格官幣社《べっかくかんぺいしゃ》の枠から外されて、国家からの援助がなくなりました。

こうして、靖国神社は民間の一宗教法人となりました。

国が創建し、軍部が所管してきた靖国神社が民間に移行するのは非常に大きな変化で、戦後の靖国神社は根本的な変容を迫られたことになります。しかし、ＧＨＱは靖国神社を解体したり、廃止したりすることはありませんでした。

前川　戦後は軍隊がなくなったのですから、廃止すべきだったと思います。

島田　ＧＨＱも、当初は靖国神社を危険な存在とみなしており、日本の民主化を進める際の障害になり得ると考えていました。靖国神社や地方の戦没者のための護国神社は本当の宗教施設ではないので、日本政府に解散を命じ、財産を没収するようにという提案もなされていました。

しかし、こうした提案があったものの、靖国神社は廃止されませんでした。

その背景には、ＣＩＥ（民間情報教育局）のスタッフが靖国神社に対するとらえ方を大きく変えたことが影響していると考えられます。

ＣＩＥスタッフが戦後初めて靖国神社で行われた合祀祭を参観しましたが、式典の雰囲気には軍国主義的な色彩がなく、落ち着いたものでした。そのときまで、靖国神社の祭典では軍国主義的な行事があり、扇動的な説教のある激しいものだと考えられていました。しかし、実際の祭典を参観し、そのとらえ方が大きく変わったのです。

これについては、アメリカ人のキリスト教的な宗教観が強く影響していたと見ることができます。アメリカは基本的にキリスト教の国で、キリスト教以外の宗教のことをほとんど知りませんでした。

神道についても日本に来るまで知識がなく、その性格を理解していなかったのではないでしょうか。そこで、神道をキリスト教と同じような形の宗教としてとらえてしまったのです。

キリスト教の教会なら、そこが過激なものであれば、扇情的な説教が行われ、信者はそれに影響されて興奮状態に置かれます。靖国神社でも、キリスト教の教会と同じように、神職が絶叫し、「日本の国を守れ！」と言っているイメージを抱いていたようです。

ところが、神社神道はキリスト教とはまるで性格が違います。神職が説教を行うこともありません。神社に集まってくる人たちも、キリスト教の信者のように強固な教団を組織しているわけでもない。また、参列者が軍服姿の軍人ばかりであれば、軍国主義と結びつけられるでしょうが、平服であればそのような印象は受けません。

こうしたことから、それ以後、靖国神社廃止の議論は起こらなくなり、靖国神社は民間の一宗教法人として存続することになったわけです。

靖国神社が存続したことによって、国家護持の問題や首相・天皇の靖国神社参拝問題が、今日に至るまでずっと続くことになります。ここで述べたようなＧＨＱの認識が、戦後の宗務行政に影響を与えていることは間違いないと言えるでしょう。

戦前から戦後にかけての宗教の扱いの変遷

島田　宗教をどう扱うかというのは戦前からいろいろあって、基本的に神道とその他の宗教は扱いが異なっていました。明治初期には、神祇官《じんぎかん》や神祇省、教部省が宗教関係を所管し、１８７７（明治10）年に教部省が廃止され、内務省に社寺局が置かれました。その後、１９００（明治33）年に社寺局は神社局[注2]と宗教局[注3]に分かれ、神社は宗教という枠から外されて、国民道徳のような形で神社局、その他の宗教は宗教局で扱われていました。

さらに１９１３（大正２）年には、神社行政と宗務行政の区分を明確にさせるべく、宗教局が内務省から文部省へと移管されました。内務省神社局は、１９４０（昭和15）年に省の外局である神祇院[注4]に昇格し、１９４６（昭和21）年に廃止されるまで存在したので、国家が神社を管理していました。

明治時代から、宗教団体の活動を規制する法律を整備することが大きな課題となっていました。しかし、明治のなかごろから立法の動きが４回あったものの、いずれも帝国議会で否決されたり審議未了に終わったりしたため、成立には至りませんでした。

１９３９（昭和14）年、ようやく宗教団体を対象とした法律として、宗教団体法[注5]という法律ができあがったのです。

　戦後、ＧＨＱから神道指令が発せられたのに続いて宗教団体法も廃止され、代わりに宗教法人令[注6]が公布されました。それまで、宗教は国が管理するという方向でしたが、信教の自由をもとにして、自由に宗教活動ができるようにするということで、届出さえすれば宗教法人を作ることができるようになりました。

　いわば誰にでも宗教法人が作れるようになったため、宗教法人令の施行後には宗教法人の数が飛躍的に増えることになります。なかには悪い人たちもいて、税制面の優遇措置を利用し、脱税することを目的に宗教法人を作るといった事例が相次いで見られました。

　そこで、宗教法人令では問題があるということで、１９５１（昭和26）年に宗教法人法[注7]が施行されました。宗教法人法では、ある一定の条件を満たしていないと宗教法人として認証されないこととされました。基本的には、礼拝施設などの不動産を持っている、そこに本尊を祀《まつ》っている、宗教活動をしているという三つの柱を満たしていることが条件とされたのです。

　ただし、認可ではなく認証なので、この条件さえ満たしていれば、宗教法人として認められるということです。「認証」と「認可」の違いが一般には知られていなくて、誤解を生む大きな要因の一つとなっています。

神祇院が廃止されたことから、神社も宗教法人の一つとされました。神社界は当初、伊勢神宮をはじめとする皇室関係の神社については、宮内省（当時）が管轄するということで国が面倒をみる体制を維持しようとしました。しかしこれをGHQが認めず、神社本庁[注8]が生まれ、主な神社は神社本庁の傘下に置かれる体制ができたのです。

こうした戦前から戦後にかけての大きな転換のなかで、文部省や今日の文部科学省において宗務行政を主管する部局課の改編と名称変更が幾たびか行われてきました。そして、1968（昭和43）年に文部省の外局として文化庁ができた際、文化庁文化部宗務課となり、現在に至っています。

オウム事件をきっかけに宗教法人法を改正

前川　宗務課は文化庁にありますが、文化庁が扱う「文化」という行政領域に宗教は含まれていません。文化庁は、文化および宗教を扱うとされています。

文化庁宗務課長というのは暇なポストで、仕事ができない人が就くというイメージでした。私が宗務課長に就任したのは、1996（平成8）年に宗教法人法が改正された直後の1997（平成9）年です。改正後、最初の人事で宗務課長になったわけで、改正宗教法人法の運用をやってくれということでした（在任は1997〜98年）。

宗務課の下に宗教法人室という部署ができるなど、体制は強化されましたが、それ以前は、課長を入れて7、8人と規模は大きくありませんでした。一方、宗教法人法の改正によって、所轄する宗教法人の数が増加しました。

それまでの宗教法人法では、宗教法人[注9]の分類のうち、包括宗教法人（仏教で言えば○○宗、○○派など。宗派の本山）だけが文部大臣の所轄で、本山末寺の末寺にあたる一つひとつのお寺は、所在地がある都道府県知事の所轄でした。包括関係にない単立宗教法人（天理教、統一教会、創価学会、立正佼成会など）も、全国的に活動しているにもかかわらず、所在地の都道府県知事が所轄することになっていたのです。

宗教法人法改正の三つのポイント

前川　宗教法人法が改正されるきっかけとなったのは、1995（平成7）年に起こったオウム真理教による地下鉄サリン事件[注10]です。オウム真理教は登記上、東京都江東区に本部を置いていたので、当時は東京都知事の所轄でした。広大な教団施設があった山梨県の上《かみ》九一色《くいしき》村（現・南都留郡富士河口湖町）を調べることは現実的に難しく、その権限もなかったのです。しかし、全国的に活動しているのに、都道府県知事の所轄ではおかしいということで法改正後、単立宗教法人で宗教活動に使う境内施設が複数の都道府県にまたがっている場合は、文部大臣が所轄することになりました。

宗教法人法改正のポイントの一つは、全国的に活動している単立宗教法人は文部大臣を所轄庁とし、文化庁が実務を担うこと、そしてもう一つが最低限の文書（役員名簿、財産目録、収支計算書など）を年1回提出してもらうことでした。

従来の宗教法人法では、教義、礼拝施設、30人程度の信者が確認できれば、宗教法人として認証されてきました。性善説の考えによって、法人格を与えてきたのです。一度宗教法人として認証したら認証しっぱなしで、その後の実態が何もわからない、糸の切れたタコ状態でした。そこで、実態を把握するために最低限の文書を提出することを義務づけたわけです。

三つめのポイントは、解散命令の要件に該当する疑いがある場合に、所轄庁が報告、徴収、質問を行うことができるということでした。

年次的な事業報告の義務を課したわけではありませんでしたが、宗教法人はこぞって宗教法人法の改正には大反対でした。

当時は現在の自公連立が組まれる前で、国政レベルでは自民党と公明党が対立していた時代です。そのため、自民党のなかには「創価学会は単なる信徒団体で、宗教法人なのはおかしい」と、公明党つぶし、創価学会つぶしに血道をあげる反創価学会、反公明党の人たちがたくさんいました。

島田　宗教法人法改正の動きは、オウム真理教による事件がきっかけでしたが、改正の議論が始まると、その矛先が対創価学会に変わりました。

当時の与謝野文部大臣が尻込みする役人を抑えて決断

前川　最初に宗教法人法改正を言い出したのは、当時の与謝野馨《よさのかおる》文部大臣（在任1994年6月30日〜95年8月8日）でした。私は与謝野大臣の秘書官として、春の高校バレーの開会式の日に、地下鉄サリン事件が起こったのをよく覚えています。

与謝野さんが開会式で挨拶をしていたら、SPさんが「地下鉄で事件が起こりました」と。「どうもサリンではないか」という情報が入ってきたとき、「オウム真理教が起こしたのではないか」と思いました。というのも、前年に松本サリン事件[注11]が起こっていて、オウム真理教がやったのではないかという噂があったからです。

島田　１９９５（平成７）年の元旦に、讀賣新聞が「上九一色村でサリン残留物を検出」という報道をしていたので、サリンと聞いて、多くの人が「オウム真理教か？」と思ったのではないでしょうか。

前川　宗教法人が起こした事件なら、うち（文部省）の所管ではないかと、与謝野さんも私も思いました。「こんな事件を起こした宗教法人は、解散させなければいけない」と思ったのですが、オウム真理教の所轄は文部大臣ではなく、東京都知事です。解散させなければ役所の責任を果たしたことになりませんが、宗教法人法は信教の自由を保障するための制度なので、宗教法人を作るのは簡単ですが解散させるのは難しいのです。

宗教団体は、登記をすればすべて宗教法人になれます。認証は宗教団体であるという事実を確認する行為であり、教義があって、礼拝の施設があって、信者がいて、一定の期間活動しているという事実があれば、必ず認証します。所轄庁側の裁量は、一切入らないのです。したがって、昔の宗教法人令ほどひどくはありませんが、有象無象が簡単に宗教法人になれるわけです。

しかも、認証した都道府県知事や文部大臣は、解散命令を出すことができません。解散命令を出すことができるのは裁判所だけです。所轄庁や検察庁、利害関係人が裁判所に対して解散命令を請求し、請求を受けた裁判所が審理を行って、解散する理由があると判断したら解散命令を出すことができるのです。

したがって、オウム真理教を解散させるには、所轄庁である東京都知事が解散命令の請求を出さなければなりませんでした。

そこで、与謝野大臣は当時の青島幸男知事と話をしましたが、東京都も文部省も、解散命令を請求するための材料を持っていませんでした。材料を持っているのは検察なので、与謝野大臣が当時の法務省刑事局長の則定衛《のりさだまもる》さんに直接電話をし、最低限、解散命令の請求に必要な情報を提供してほしいとお願いして、サリンを作っていた証拠の資料を入手しました。それを東京都に渡し、青島知事が裁判所に解散命令を請求して、オウム真理教に解散命令が出るという経緯をたどったのです。

そのとき与謝野さんが考えたのが、宗教法人法を改正しなければいけないということでした。宗教法人法を手つかずのままにしておくと、オウム真理教のようにテロを行う宗教法人が出てきてもおかしくありません。それに、何もしてこなかったと、政権与党が批判されることになります。

「宗教法人が前代未聞のテロを起こしたのは、宗教法人法が甘すぎるからではないのか」

との問題意識から、「宗教界をすべて敵に回す」と尻込みする役人が多いなか、「最低限、宗教法人として活動していることがわかる書類を提出してもらうように法改正をしよう」と言い出したのが与謝野さんです。

当時の文化庁は、上から下まで「宗教界全体を敵に回すことになるので、宗教法人法を改正するのは難しいです」と尻込みをしていました。それを何とか説得して、それでもなかなか動こうとしないので、大臣官房に直属の宗教法人法改正のチームを作って、与謝野さんは精鋭スタッフを集めました。

与謝野さんの後任として島村宜伸さんが文部大臣になり（在任1995年8月8日～96年1月11日）、私は与謝野さんの秘書官を外れて、宗教法人法改正チームに途中から入って、その作業を手伝うことになったのです。

まずはこの改正の三つのポイントについて、宗教法人審議会にお伺いを立てました。宗教法人審議会は本来、政策的なことを審議するところではなく、所轄庁が恣意的な対応をしないよう宗教関係者がチェックする場ですが、宗教法人法改正についてあえてご意見を伺ったのです。

しかし新宗教系も、キリスト教系も、仏教系も、ほとんどの委員が反対でした。なかでも全日本仏教会から出ていたある委員は天台宗の立派な方でしたが、役人から見ると柔軟性に欠けるという印象が残っています。

島田　天台宗は山口組の葬儀にずっと携わっていて、そのあたりを探られたくなかったというのはあったかもしれません。宗教界にとって、宗教法人法改正は大問題です。

宗教学界はわりと宗務行政が近くて、宗務課にも専門職という形で私が在籍した東京大学の宗教学科から何人か行っています。

前川　専門職として、大学の先生の人事の一環として、宗務課にはローテーションで来てもらっていました。

島田　そういう人が大学に戻って先生になって、宗教行政の研究などをする例は少なくありません。洗建《あらいけん》さん（宗教学者。駒澤大学名誉教授。1974年から文化庁宗務課専門職員。77年に専門員に昇格）とか。宗務課とは密接な関係があって、私も宗務課から、都道府県の研修会に講師として呼ばれたことがあります。

宗教学者はいろいろな形で宗教界と関わっているので、どちらかというと宗教法人法改正には反対という立場です。

前川　与謝野さんの意図は、オウム真理教事件のあと、何もしないのは政治責任を問われるということで、創価学会をつぶそうとはまったく思っていませんでした。
むしろ、創価学会や公明党とは近い関係でした。東京都議会は自民党だけでは単独過半数が取れないので、自公与党体制でしたから。

東京都議会と公明党の「複雑な関係」

島田　東京都議会は、公明党にとって一番重要なところです。最初に政治に進出したのが、実質的に都議会でした。区議会、都議会に出て、参議院に出て、しばらくしてから衆議院という流れです。

面白いのは、都議団のほうが国会議員より上という関係がずっと続いていたことです。東京都議会には、藤井富雄さんという公明党の重鎮がいました（初代公明代表。東京都議会議員11期。在任1963～2005年）。

なぜそうなったかと言うと、公明党が衆議院に進出しようというとき、東京都議会が黒い霧事件[注12]で解散してしまったからです。そのため、本当は衆議院に立候補するはずだった都議が都議選に出ざるを得なくなって、竹入義勝さん（衆議院議員8期。第3代公明党委員長）や矢野絢也さん（衆議院議員9期。第4代公明党委員長）など、新しい人が衆議院に出ることになりました。そうなると、公明党都議団のほうが先輩であり、国会議員よりも上という関係がしばらく続いたのです。

前川　与謝野さんはオウム事件の後始末として、宗教法人法改正を考えてはいても、創価学会をつぶそうという意図はありませんでした。しかし、自民党の他の人たちが「創価学会つぶしにこの法律を使うんだ」と言い出して、我々は非常に困りました。

それで創価学会、公明党とは険悪な関係になりましたが、何とか法律を通しました。そして宗教法人法改正が行われたあと、私が宗務課長になった。

私と与謝野さんは、文部大臣と秘書官の関係だったので、その後、私がどこにいようと、与謝野さんと文部省とのパイプ役になりました。文部省に駐在している連絡係のようなものです。与謝野さんにとって、私は一番信頼できて使える文部官僚だったのでしょう。

ご本人から直接聞いたわけではありませんが、おそらく与謝野さんが私を宗務課長にするようにと言ったのではないかと思います。それまで私は、主に大臣官房や初等中等教育局の仕事をしていました。

与謝野さんからは、「創価学会と仲良くして、敵ではないことをアピールしてくれ」と言われました。よく信濃町の創価学会総本部に出かけました。当時、与謝野さんは自民党広報本部長でしたが、実際にやっていたのは自公連立工作でした。与謝野さんには、うってつけの役どころだったと思います。

島田　創価学会に行くのは、呼ばれてですか？　こちらから説明に？

前川　何かの説明に伺いたいといった理由をつけて、こちらから行っていました。政務担当の副会長が相手です。仏教は全日本仏教会、キリスト教はキリスト教で団体があります。新宗教は新宗連（新日本宗教団体連合会）というのがあって、これらに属していない最大の団体が創価学会です。大きな団体は説明をしておくということがあって、全日本仏教会や新宗連とともに、新宗連に入っていない創価学会にも説明に行ったわけです。

宗務課長だった1年間で最も困った問題が起きたのは、情報公開法（行政機関の保有する情報の公開に関する法律。２００１年施行）についてです。宗教法人法改正のあと、情報公開法を制定するという話が持ち上がりました。情報公開法ができると、所轄している法人からもらった文書はその時点で行政文書であり、行政文書は原則公開となります。

宗教界は、「だまし討ちだ」とこぞって反対しました。宗教法人法改正の際、提出された書類は外に出さないという話だったのに、情報公開法ができたら開示対象になるというのですから、宗派・宗教を問わず大反対だったのです。

そこで、不開示情報にするために、もともとの法案では「法人の正当な利益を害するおそれのある情報は不開示」となっていたのを「法人の権利その他法人の正当な利益を害するおそれのある情報は不開示」と文言を変えてもらいました。この「権利」という言葉を入れることによって、宗教法人からの提出書類を開示すると信教の自由という憲法上の権利を害するおそれがあるから、すべて不開示だとする根拠にしたのです。

当時は課長も国会答弁ができたので、情報公開法の審議をしていた衆議院、参議院の内閣委員会で、宗務課長の私が「宗教法人から提出された資料は、すべて不開示情報です」と答弁して、納得してもらいました。

島田　宗教法人法改正で、宗教法人は最低限の文書を提出することになりましたが、実際にきちんと提出されていたんですか？

前川　ＰＬ教団のように提出を拒否した例もありましたが（あとで提出）、ほとんどはきちんと提出していました。ただ私自身、個人的な興味もなかったので、提出された資料は見ていませんでした。

宗教法人法改正による副次的効果や認証に臨む姿勢の変化

前川　宗教法人法を改正してもテロは防止できないが、何もしないわけにはいかないということで改正は行われました。ただ、副次的効果で不活動法人があぶり出されました。何年経っても書類を提出してこないところは、活動を停止しているということです。

不活動法人がそのまま眠っていてくれればいいのですが、ブローカーによって売買の対象となり、脱税などに悪用されるおそれがあります。

私の在任中は、しらみつぶしに不活動宗教法人を調べ、裁判所に解散命令を請求して法人格をなくすということをコツコツやっていました。もちろん、文部大臣所轄だけでなく、都道府県知事所轄の宗教法人も多くあるので、都道府県の宗教法人担当部署にも一生懸命やってくれということを伝えていました。

ゾンビみたいに起き上がるのが怖いわけです。宗教活動をしていないのに宗教法人として別の活動をしているということにならないように、不活動法人をつぶす作業は一生懸命やりました。これは、宗教法人法改正があったからできたことです。とはいえ、不活動法人はかなりの数があり、いくらやっても焼け石に水でした。不活動法人は、推計で５０００くらいあるだろうと考えていました。

たとえば、登記上の役員が全員亡くなっていることが確認できれば、つぶすことができます。しかし、役員が１人でも存命していれば、その人のところに行って何とかしなければなりません。こういったことを、私の部下たちが懸命にやっていました。ただ、実際に私の在任１年間に解散させることができたのは、10件そこそこだったと思います。

都道府県も一生懸命やってくれないといけないのですが、宗教法人と学校法人を同じ部署が管轄していることが多いわけです。宗教法人担当のほうはほとんど仕事がなく、95％は学校法人の仕事をしているのが現実です。不活動法人の解散請求のような仕事は、面倒くさくてなかなかやりたがりません。時間も手間もかかるし、やっても褒められないですから。

こうして見ると、宗教法人法の改正は、オウム事件の反省のもとで行われたので、安易な認証はしない、認証の段階で慎重にしようという姿勢の変化が確かにありました。

当時、自民党参議院の実力者であった村上正邦さん（労働大臣〈宮澤改造内閣〉、自民党参議院議員会長などを歴任）が、埼玉県がなかなか宗教法人の認証をしないので認証させてほしいと言ってきた案件があります。

宗務課の職員が実際に見に行ったら、鳥居や祠《ほこら》、礼拝施設らしきものはあるものの、宗教活動の実体が見えないのです。信者名簿を出してもらうと、施設は埼玉県にあるのに全員が東京の人。県でよく調べてもらったところ、右翼団体が宗教法人になろうとしていたことが明らかになりました。「これは、さすがに宗教法人として認証することはできません」と、村上さんのところに行ってお断りしました。

第二章

自民党と創価学会・公明党の関係性とは

〜連立政権における公明党の功罪〜

自公連立に至る背景には複雑な歴史があった

――宗務課長時代、公明党が何か言ってきたことはありますか？

前川　それはありませんでした。私としては与謝野さんに言われたように、創価学会とは仲良くする。仲良くすると言っても、ことさら癒着するのではなく、「敵意はないですよ」ということをわかってもらうということでした。

島田　創価学会側では、どのようにとらえていたのでしょう？

前川　おそらく与謝野さんのことは、信用していたでしょうね。私が与謝野さんの信頼する官僚だということもわかっていたから、私がこのポストにいる限りは信頼できると思っていたでしょう。

島田　あのころはそういう流れのなかで、池田大作第３代創価学会会長を国会に呼ぶという問題が起こって、結局、当時の会長だった秋谷栄之助さんだけが国会で証言しました。かなり創価学会は責められていましたね。

前川　政教分離に反するとか、難癖に近い話でした。かつて、公明党は国立戒壇《かいだん》を作ると主張していましたが、それは明らかに政教分離に反する主張です。宗教施設を国が作ると主張しているわけですから。

島田　しかし、国立戒壇の建立はとっくに放棄していた話です。それは1969（昭和44）年に起こった言論出版妨害事件[注13]が関係していて、共産党に追及されたものです。藤原弘達《こうたつ》さんの『創価学会を斬る』という本の出版を差し止めろと、創価学会、公明党が圧力をかけた事件です。

　これは私が矢野絢也さんと対談した本を出したときに聞いた話ですが、当時、自民党幹事長は田中角栄さんで、公明党の竹入義勝さんと矢野さんは田中さんに仲介役を頼んだ。田中さんが藤原さんを料亭に呼んで説得を試みた際には、隣の部屋に竹入さんと矢野さんが控えていたそうです。

　しかし、藤原さんは頑として説得を受け付けなかった。ただ、それによって公明党は田中さんに借りを作った。その後、田中さんは借りを返してもらうために、「自民党の議員に票を回してくれるよう創価学会を説得してくれ」、などと言ってきたそうです。

――自公連立の前から、水面下ではいろいろあったのでしょうか?

島田　創価学会が会員の世帯数を破竹の勢いで伸ばした背景には、高度経済成長による都市部への人口集中という実態がありました。創価学会は、田舎から都会に出てきたばかりで学歴に恵まれず、仕事や生活の面で安定した暮らしができない人たちに、徹底した現世利益の実現を約束することで急拡大を遂げていったのです。

創価学会は公明党を支持しましたが、その公明党が密接な関係を持ったのが、自民党の田中派になるわけです。田中派のトップである田中角栄さんは新潟県の出身で、地元への利益誘導を図り、高度経済成長によって過疎化の危機にさらされた地方の再興、再生を目指しました。

要するに、高度経済成長によって地方から都会に出てきた人たち、多くは農家や自営業者の次男や三男ですが、それらの人たちが創価学会の会員になり、地元にとどまった人たち、つまり後継ぎになる長男は田中派の恩恵を受けた。もともと創価学会の会員と田中派の支持層は同じ社会階層に属していて、それが高度経済成長によって都会と地方に分かれたのです。

ただし、公明党の行動原理は揺れ動いていきます。安保破棄など左傾化した時代もあって、社会党と組んで政権を取ろうとしていました。逆に、日中国交回復のときは、池田さんの「一つの中国」という発言を中国側が歓迎するなど、公明党が日本と中国の間を取り持つような時期もありました。

――田中角栄さんは、それに乗っかった？

島田　乗っかったような、乗っかっていないような……。そのあたりの経緯は実に不思議で、竹入さんが中国に行く前に田中さんのところに行ったら、「首相になったばかりなので、日中のことはやっていられない。勝手にやって」という話になったそうです。

それでも竹入さんは選挙期間中に訪中して、中国側の合意を取りつけようと努力して、それが田中首相による日中国交回復に結びつくという流れはありました。

しかし、自民党のなかには反創価学会の傾向も強く、１９９０年代前半から、自民党は機関紙の「自由新報」で、当時の池田名誉会長による金銭・権力の掌握構造、政教一致問題などを焦点に、徹底的な批判を展開していました。

宗教法人法改正の話でも触れましたが、もともとはオウム真理教による事件が法改正のきっかけであったのが、改正の議論が進んでいくうちに、矛先が創価学会へと向かっていくことになります。自民党内の反創価学会派が、改正宗教法人法を創価学会つぶしに利用しようとしたわけです。

そうした動きはあったものの、自民党が機関紙での創価学会批判を謝罪する形で、1999（平成11）年に自自公連立が成立することになります。

連立以前から結びつきがあり、根は共通しているという背景が自自公連立へとつながったわけですが、1999年の時点では小沢一郎さんが党首の自由党が先に連立を組んでいるところに、公明党が加わる形が取られました。

言論出版妨害事件で変わった創価学会と公明党の関係

島田　話を戻すと、創価学会の政治進出は、1956（昭和31）年に地方議会から始まりました。当時は戸田城聖《じょうせい》さんが創価学会の2代目の会長で、彼が言ったのが国立戒壇の建立でした。この内容はよくわからないところがあります。

国立戒壇という言葉自体は、「八紘一宇」という言葉を作った田中智學《ちがく》という国柱会（法華宗系の在家仏教団体）の創設者の発想です。天皇が日蓮宗を信仰し、議会もそれを承認して、日蓮宗を国の宗教として認めさせることを目的としていました。戸田さんは、この田中智學の国立戒壇という言葉をもってきて、「国立戒壇を建立することこそ創価学会が政治に進出する唯一の目的である」と述べたのです。

ですから、創価学会が政界に進出した最初の段階では、宗教的な目的を持っていて、1961（昭和36）年に公明政治連盟、1964（昭和39）年に公明党が結成されます。そのときは宗教政党としての性格がかなり明確で、仏法にもとづく民主主義をスローガンに掲げていました。

しかし、言論出版妨害事件によって、創価学会と公明党の関係に根本的な変化が生じました。池田さんは、1970（昭和45）年5月3日の創価学会の本部幹部会の講演で、事件を反省し、公明党との政教分離を明確化すると表明しました。池田さんは、事件について社会の感覚とずれていたことを認め、社会からの批判に対して敏感に反応しすぎたと、反省の弁を述べたのです。

そして、国立戒壇という表現は使わないこと、日蓮正宗の国教化を目指さないこと、政治に進出したのはあくまで大衆福祉を目的としたものであると表明しました。また、公明党の議員は創価学会の役職から外れること、創価学会は公明党の支持団体の地位に引き下がること、公明党は自前の組織を確立して選挙戦に臨むことなども約束しました。
その結果、二つの組織は人的な面で切り離され、公明党を創価学会から自立する方向に向かわせることになったのです。
そして、言論出版妨害事件によって創価学会と明確に組織を分離させてからは、公明党は宗教政党としての性格を表に出すことがなくなっています。

官僚の間では公明党の議員に対する評価が高い

前川　私は宗務課の課長職に就くようになった時期から、公明党の議員さんと付き合う機会がありました。自民党の国会議員と比べると、数段、公明党の国会議員の人たちのほうが人間的にまともな人が多いというのが実感です。

島田　公明党の国会議員は、官僚の人たちからの評価が高いんですよね。

前川　新内閣の発足や内閣改造で組閣が行われると、公明党の議員が必ず政務三役（各省の大臣、副大臣、政務官）に入っています。文科省で言えば、宗教法人である創価学会の所轄庁の立場ですから、公明党の人が文科大臣になると利益相反となるおそれがあるので、文科大臣のポストこそ自民党が取っていますが、副大臣または政務官のうち1人は、ほとんど公明党の指定席となっています。

　公明党の議員のなかでも、ずっと文部省・文科省に強い影響力があったのは、池坊《いけのぼう》保《やす》子《こ》さんです（衆議院議員5期。新進党→新党平和→公明党）。池坊さんは華道池坊の家元夫人として、華道の普及に努めてきた方で、創価学会員ではない公明党の衆議院議員でした。第一次安倍内閣で文部科学副大臣となり、その後は、衆議院の文部科学委員長、公明党の文部科学部会長を務めるなど、文教政策ひと筋で、衆議院議員時代を通して、文部省・文部科学省の仕事ばかりをやってきた方です。

　池坊さんは創価学会員ではありませんが、公明党のなかでは文教政策について強い発言力を持っていて、池坊さんがイエスと言えばだいたい話が通りました。文部省・文部科学省についても、池坊さんに納得してもらえば話は通しやすかった。

　公明党にとって、池坊さんは貴重な存在だったのではないでしょうか。創価学会員ではないし、「池坊」というネームバリューもありましたから。

教育基本法の柱を維持できたのは公明党のおかげ

前川　他に公明党の国会議員の先生たちのなかで印象に残っているのは、山下栄一さん（故人・参議院議員3期）です。大阪の創価高校の教諭から国会議員になった人で、教育基本法の改正のときに公明党側の中心にいました。

教育基本法の改正というのは、教育勅語や国家神道の復活の道を開くようなきっかけになりうる話でした。宗教教育をもっとやれという議論もありました。

もともと、憲法改正、自主憲法制定の前段階として、教育基本法を改正するんだという話は自民党保守派のなかにありました。中曾根（康弘）さんなどはそう言っていましたが、私は、そういった動きを心配していました。

教育基本法改正を初めて公文書で打ち出したのは、2000（平成12）年12月の森喜朗内閣の教育改革国民会議です。本当は中曾根さんは、臨教審（臨時教育審議会）で打ち出そうとしたのですが失敗しました。打ち出したのは森内閣のときでしたが、実際に教育基本法を改正したのは2006（平成18）年、第一次安倍内閣のときです。

その間にどういうプロセスがあったかというと、2000年に打ち出したあと、小泉内閣ができましたが、小泉（純一郎）さんはあまり教育基本法改正には関心がありませんでした。それで、中曾根さんや森さんが、教育基本法改正をきちんとやれと圧力をかけた。小泉内閣の文科大臣は、遠山敦子さんという文部官僚だった人です。私の上司で、宗教法人法改正をやったときには文化庁長官でした。

遠山さん自身は、教育基本法改正には積極的ではなかったので、案件としては寝かせていました。しかし圧力がかかったため、やむを得ず中央教育審議会（中教審）に諮問《しもん》するところまでやりました。

中教審で議論してもらいましたが、中教審のなかには教育学者の市川昭午《しょうご》さんなど改正反対派もいました。そのような反対派の人たちも加えて議論したためマイルドになり、自民党保守派ゴリゴリの内容にはなっていません。さらに、政治プロセスで議論を加えたのが、自民党と公明党の協議の場で、そこで条文ごとの逐条的な検討が行われました。その自公の協議会の座長だったのが自民党の保利耕輔《ほりこうすけ》さんです。

この協議において、公明党は自民党に対するブレーキ役を担いましたが、その中心にいたのが山下栄一さんでした。山下さんは憲法の原理にもとづいて、改正がおかしな方向にいかないようにしようと工作をずいぶんしてくれたのです。

2006（平成18）年に教育基本法が改正されましたが、法律のなかには大事な言葉が残っています。前文の肝心な部分は変えられてしまったものの、「日本国憲法の精神に則り」「個人の尊厳を重んじる」「学問の自由を尊重する」、あるいは「教育は不当な支配に服することなく行わなければならない」といった言葉は残っています。柱になるような大事な原理原則は、何とか残すことができました。

そのなかで愛国心とか、道徳心などの言葉が入ってきていますが、教育基本法の大きな柱を変えないように頑張ったのが公明党です。当時の公明党は、かなり骨があったと言えるでしょう。

現在では、何でも自民党の言う通り、ずるずるついていく感じがしますが、山下栄一さんははっきりとした護憲派で、こういう方がいてくれたおかげで、教育基本法改正がグンと右に寄らずにすんだのです。

公明党議員に対する創価学会の監視は厳しかった

島田 私は2005（平成17）年から、東大先端科学技術研究センターの特任研究員をやっていました。御厨 貴《みくりやたかし》さん（政治学者・東京大学名誉教授）の研究室です。そこには優秀な若手の政治学者が集まっていました。最初はテロの問題を扱うということで招かれ、オウム問題についてのシンポジウムやテロについての研修会を開いたりしていました。
御厨さんは研究室の若手を中心とした研究会をやっていて、私はそれに5年半参加しました。大人になってから政治学を学んだと言えます。その御厨さんからいろいろな話を伺いましたが、そのなかに公明党の議員と官僚の関係の話が出てきました。
そのころ官僚の人たちは、「自民党の議員に言ってもダメだ。何かやりたいときには、公明党の議員に相談する」と話していて、公明党の議員が官僚にとっての窓口になっているということでした。そういう意味においても、公明党の議員さんは非常に真面目だという評価があります。

前川　私も、公明党の政治家さんには非常に親近感を持っていました。

島田　公明党の議員には、ある種の宗教的な情熱が背景にありますよね。

前川　あると思います。宗教がバックボーンにあると、見え透いたうそをつかない。人間としての誠実さがある。

島田　大胆なうそをつく場合はありますけど（笑）。

前川　それでもやっぱり、公明党には個人として見れば誠実な人が多いと思います。池坊さんと仲が良かったのは、今の国交大臣の斉藤鉄夫さん。あのころは、池坊さんの弟のような感じでした。

島田　思い出すのは、戸田城聖さんが言っていた「青年よ、政治を監視せよ」という言葉です。現に創価学会の人たちは、自分たちが支持している公明党の議員たちがどういうパフォーマンスをするかということを監視しています。

公明党の議員には厳しい目が注がれていますが、自民党の政治家には必ず支持者による後援会があります。公明党の議員はそういう後援会を個人的に持っておらず、創価学会の人たちの眼鏡にかなわないと議員にもなれない。

昔の創価学会は悪口の巣で、公明党の議員が何か悪いことをすると、聖教新聞などあちこちで悪口を書かれて、とんでもない目に遭うという状況がありました。そういう監視の目が働いているから、公明党の議員は行動原理を正さなければいけない。

だから、遠山議員（遠山清彦元衆議院議員。公庫融資違法仲介により貸金業法違反で有罪判決が確定）のような人が現れるというのは、昔に比べて創価学会と公明党の関係が変質しているという証しでもあるのでしょう。

創価学会と公明党議員の関係は希薄になってきている

島田　今の公明党の議員たちは、創価学会との関係が薄い人が多い。創価学会で活動した経験を持っている公明党の議員は少なくなっています。

おそらく山口さん（山口那津男・公明党代表。参議院議員）も、創価学会の活動をしていないと思います。創価学会で活動していたのは、太田さん（太田昭宏・前公明党代表。2021年政界を引退）くらいではないでしょうか。

政教分離をすることによって、創価学会から公明党の議員になるのではなく、創価学会の家に生まれている、あるいは創価大学には行ったものの、創価学会の活動はあまりしていないという議員が増えています。最近では、公明新聞の記者だった人などが議員になっているので、創価学会との直接的な関係がかなり希薄になってきました。

――それは2000年以降ですか？

島田　だんだんそうなってきています。それもあって公明党は今、人材難です。議員のなり手が少なくなっているし、高齢化も進んでいます。

公明党の議員は誠実で情熱がある人たちが多いから、官僚は頼りにしてきた側面があります。あまり言われていないことですが、政治を語るうえで、これは重要なファクターではないでしょうか。

前川　世の中のために必要だと思われる政策について、自民党の先生たちはあまり食いついてきません。一方、公明党の先生たちは話を聞いて、公明党の部会で議論しようという話になります。したがって、そういった政策を取り上げてもらうために、公明党のほうから自民党に提案するという道筋がありました。

教育委員会制度の改革でも公明党がブレーキ役に

前川　もう一つ、公明党にお世話になった例を挙げるなら、２０１４（平成26）年に法改正された、教育委員会制度の改革です。教育委員会制度改革の出所は大阪で、橋下徹大阪府知事（当時）が、「クソ教育委員会」と、教育委員会をつぶそうとしました。「自分は府知事に選ばれているから、府民の意思を体現するのは自分だ。民主主義とは、選挙で選ばれた人が何でもしていいんだ」と言わんばかりに、教育委員会はいらないんだと。

こういう橋下氏のような考え方に、安倍晋三氏を中心とする自民党の一部の人たちが共鳴したわけです。そして、第二次安倍政権で教育再生実行会議（教育提言を行う諮問機関）ができました。第一次提言が「道徳の教科化」、第二次提言が「教育委員会制度の見直し」でした。首長の権限をもっと強くして、教育委員会を弱体化するかなくすか、単なる審議会にしてしまうかというような議論でした。知事や市町村長がなぜ権限を持ちたいかと言えば、一番の理由は教科書の採択です。

そのころ、神話から始まるような、「つくる会」（新しい歴史教科書をつくる会）系の教科書が出ていて、育鵬社の歴史教科書を使わせたいという首長がたくさんいました。教育再生首長会議を作ったり、教育委員会制度を変えて、首長が教育行政、特に教科書採択に口を出せるようにするという制度改正を目論んでいた。

下村博文さんが文科大臣のときにも、同じようなことを考えていました。教育基本法のときもそうでしたが、文科省の常とう手段は、まず中教審で議論してもらい、そこで政治的に偏った指示が来たときに中立化する。まともな議論をする場として、中教審を使う。

教育委員会制度の改革のときも、そういうことをしようと考えていました。

下村さんは菅さん（菅義偉《よしひで》前首相）と似たところがあって、人事で役人を動かそうとする。中教審の委員については、どこどこの組織から推薦してもらうといった人事の慣行がありますが、下村さんはできるだけ自分が一本釣りした人で固めようとしました。その結果、第二次安倍政権ができて最初の中教審の委員に選ばれたのが、櫻井よしこさんです。

教育委員会をなくすことに賛成の首長も反対の首長もいるなかで、中教審で議論しましたが結局、結論が出ませんでした。結論を出さない中教審は、おそらく初めてではないでしょうか。

結論を出さずに終わったその後のプロセスはどうだったかというと、自民党と公明党の間の与党協議です。このとき、公明党が一定のブレーキ役になったのです。教育委員会をなくして首長が全権限を握るようにするとか、教育委員会を単なる審議会にすればいいといった議論に対して、公明党は教育委員会が合議制執行機関として残ることが必要だという主張をしていました。

下村さんは教育委員会をなくしてしまえという考えでしたが、役人側はなくしてはまずいと思っている。中立性を保つための合議制執行機関は必要だと思っていましたし、これを単なる審議会にしては大変だとずっと考えていたので、役人たちは公明党と共闘しました。公明党と文科省の役人がくっついて、自民党の教育委員会廃止派を説得し、最終的に教育委員会制度の骨格が残ったのです。

ただ、制度的にはあまり大きくないものの、インパクトは大きい改正は行われました。一つは、教育長の任命権を教育委員会から首長にしたことです。実質的には教育長の任命権は以前から首長にあったので、これは実態を追認するような改正です。

もう一つは、総合教育会議という、首長と教育委員会が一緒に協議をする場を作ったことです。とはいえ、首長の権限と教育委員会の権限は変わっていません。お互いに権限を持って協議する場ができたにすぎず、教育委員会の上部に別の新しい組織を作ったわけではありません。

教育委員会の専権事項は1ミリも首長に移ってはいません。教科書採択は、今でも教育委員会の権限として残っています。それでも首長が口を出して、一時期、育鵬社の歴史教科書の採択が広がりましたが、2020年以降グッと少なくなりました。教育委員会制度の復元力が働いて、中立性が戻ったということでしょう。

島田　八重山教科書問題のときはどうでしたか？

前川　２０１１（平成23）年の八重山教科書問題は、沖縄県石垣市と与那国町で首長の意を受けた教育長が、育鵬社版の中学公民教科書を採択しようと動き、反対の意向を示した竹富町の教育委員会に対して文部科学大臣が口を出したという一連の騒動です。

このときの公明党は歯止めにはなりませんでしたが、しかし政治による教育への介入を防波堤になってとどめようとする一定の役割を公明党が果たしてきたことは事実です。教育委員会制度の改革のとき、教育委員会制度の骨格を残したのは公明党のおかげです。

公明党の存在が政権の極端な右傾化を防いできた

島田　創価学会は、戦前の１９３０（昭和５）年に、創立されました。戦前に用いられていた組織名は創価学会ではなく、「創価教育学会」でした。創立者で初代会長の牧口常三郎《まきぐちつねさぶろう》は、東京の尋常小学校の教員、校長を歴任した教育者で、特に地理学に強い関心を寄せていました。宗教団体らしからぬ学会という名称を用いていたのも、最初は教育者の団体として始まったことによります。

ただ、牧口が日蓮正宗[注14]に入信したことによって、しだいに本人も組織も宗教化していきます。これによって、創価教育学会も宗教団体としての性格が強くなっていきました。当時はあまり規模が大きくなく、会員数は５０００人くらいの組織でした。また、教育者だったこともあって、極めて真面目で厳格、信仰に関しても徹底して純粋なものを求める傾向が強い人でした。そのため、他の宗教は間違っているという日蓮正宗の信仰に惹かれたと考えられます。

日蓮正宗の考えにもとづいて、伊勢神宮から配られる「神宮大麻《じんぐうたいま》」という神札を拝むのを拒否し、牧口はそれを焼却してしまいます。これにより、１９４３（昭和18）年７月、不敬罪および治安維持法違反によって逮捕されました。当時の刑法には不敬罪（天皇や皇族、神宮、皇陵などに対して、その名誉を棄損する不敬行為をする罪）があり、その不敬の対象には伊勢神宮も含まれていました。

牧口は起訴され、東京・巣鴨の東京拘置所に収監されて、翌年11月に獄死しました。

創価学会はもともと教育者の団体ですから、創価大学ができるのも、その流れによるものです。また、創価学会は権力の弾圧に対して非常に抵抗し、警戒する傾向があります。公明党の議員がそのような行動に出るのも、権力の介入をおそれ、防止したいという創価学会の歴史を背景にしているのではないかと思います。

前川　今の自公連立は、公明党が政権の極端な右傾化を防いでいるという側面がかなりあると思います。公明党が連立与党でなく、自民党の右傾化路線を放っておいたら、とんでもないところに行ってしまったでしょう。

島田　もしそうなっていたら、早い段階で自民党政権はつぶれていたかもしれません。

前川　確かに、自公連立は政権を延命させた役割がありました。

島田　もともとは、選挙で票が欲しいというところから連立が始まっているわけですが、公明党と連立を組んでいる自民党には、勝手に何をしても大丈夫というような考えも出てきてしまっているのではないでしょうか。

公明党と官僚に任せきりにしている結果、自民党はまともなことを考えない傾向を強めているような気がします。

自民党にとって公明党はありがたい存在

島田　ただ、公明党というか、創価学会の集票能力が、かなり落ちてきていることは間違いありません。創価学会の会員世帯数は公称８２７万世帯ですが、実質的な会員数は、私の推計では２００万人台の前半ではないかと思います。２０２２（令和４）年７月の参議院議員選挙では、比例区８００万票を目標に掲げたものの、実際の獲得票数は約６１８万票にとどまりました。この集票能力の低下が、今後どのように影響していくかに注目したいと思っています。

自民党も公明党も、支持基盤はかなり弱体化していることは確かです。この25年の間に、創価学会の会員数は３００万人台半ばから１００万人以上減っています、日本共産党員も同様に、約38万人から約27万人に減っています。

支持基盤が弱体化しているため、議員はどこに支持基盤を見出すかということにとても苦労するようになってきました。ですから、最近は、スポーツ団体に支持を求める傾向が強まっているようで、選挙公報に「こういうスポーツをやっていた」「こういうスポーツ団体に関係していた」とアピールする議員が増えました。

どこの宗教団体でも、一時期に会員が増えるときがあります。創価学会であれば、50年代後半から60年代、70年代の前半がピークでした。そのときに入信した人たちは、今や高齢化しています。団体内では2世に引き継がれていますが、もはや親の世代ほどの熱意がないですし、途中でやめてしまう人も少なくありません。これは宗教団体の宿命のようなものです。

創価学会で選挙を担っていた婦人部は、既婚女性を中心としたグループでしたが、2021（令和3）年になくなりました。未婚の女性が入っている女子部と合体して、女性部ができたのです。みんなが結婚するわけではなくなってきたということも関係しているかもしれません。会員の人数が減少しているので、既婚だけ、未婚だけのグループでは立ち行かないということもあるでしょう。聖教新聞には「女性部の発足を歓迎します」といった記事が出ましたが、なぜ歓迎するのか、その理由はまったく説明されませんでした。

婦人部は、多くの会員が池田大作名誉会長のために行動し、「池田ファンクラブ」という性格が強かったと言えます。池田さんは現在94歳ですが、表舞台に姿を現さなくなって何年も経っています。「ファン心理」を考えれば、「池田さんが表に出てこなくても頑張る」とはなりにくい状況と言っていいでしょう。池田さんの話題は毎日のように聖教新聞に出ていますが、そこにリアリティーがありません。

創価大学でさえ創価学会離れをしようと考えているように思えます。創価大学は近年、駅伝競技が強くなりました。その一因は、創価学会会員の子弟だけで学生を集めるのが難しくなったからではないかと思われます。実際、2021（令和3）年と2022（令和

4）年の箱根駅伝のメンバーのうち、創価学園出身者は1人ずつでした。おそらく、大半の駅伝メンバーは足が速いから創価大学にリクルートされたのであって、信仰を持っていないのではないでしょうか。創価大学にしてみれば、創価学会頼みにはできないということです。

創価大学出身者は創価学会のなかではエリートですが、世の中に出たらただの人というのが現実です。そういう状況ですから、創価学会員であっても創価大学以外の大学に進もうとする人が増えたのではないでしょうか。

前川　自民党が過半数を割っていたときには、公明党は本当にありがたい存在だったでしょう。もし公明党と組まなかったら、自民党は単独過半数もない。

島田　今ではお互いに離れられない関係なのだと思います。

公明党は憲法改正にどこまで付き合うのかが心配

前川　憲法改正のときに、公明党がどこまで付き合おうと思っているのか。限界はあると思うのですが……。九条の二を加えるというのは、公明党も飲んでしまうかもしれない。九条の二は、いかにも公明党がもともと言っている加憲に見えます。今の九条はそのまま置いておくんですから。

しかし、自民党案の九条の二に書いてあることは、単に自衛隊を憲法上認めるということではない。自民党改憲4項目の案[注15]ではどうなっているかというと、「前条の規定は、必要な自衛の措置をとることを妨げず」とある。「妨げず」と書いたとたんに、九条は無力化され、自衛に必要な措置はいくらでもとれることになります。必要な自衛の措置という言葉は、いくらでも範囲を広げられる。専守防衛、個別的自衛権を超えて集団的自衛権の行使どころか、自衛という名前を付ければ、攻撃は最大の防御だという自衛も成り立つ。そこまで公明党が付き合うのか、それが心配です。自民党は、公明党が付き合わないとなったら、維新（日本維新の会）と組むことになるのでは？

島田　そこは簡単にはいきません。日本の場合、憲法を改正するのが根本的に難しいですから。大日本帝国憲法も、一度も改正されていない。その大日本帝国憲法を改正するという形で日本国憲法ができあがっている。大日本帝国憲法は、戦争に負けるという大事件が起こって、やっと手をつけられた。そう容易に憲法改正はできない。

２０２２（令和４）年７月８日に安倍さん（安倍晋三元首相）が亡くなったこと（参院選の応援演説中に銃撃されて死去）は決定的で、安倍さんほどの信念を持って憲法改正にあたれる政治家が自民党にいるかと言ったら、いないのではないでしょうか。安倍さんのバックボーンには、岸さん（岸信介元首相。安倍晋三元首相の母方の祖父）がいる。日本の近代国家を作った長州藩、戦後の安保体制を作った岸、そして安倍とつながる流れがなくなった今、他の政治家にはできないのではないかと思います。

安倍さんがこういう残念な形で亡くなったことが、意外とこれからの歴史に大きく影響してくるように思います。

第三章

旧統一教会をめぐる諸問題の現状

～安倍元首相銃撃事件で再注目～

旧統一教会の名称変更が認証された背景には政治的圧力があった？

――安倍元首相銃撃事件をきっかけにして、旧統一教会と自民党の関係がクローズアップされるようになりました。そんななか、前川さんが２０２０（令和２）年12月にツイートした書き込みが注目を集めました。

〈１９９７年に僕が文化庁宗務課長だったとき、統一教会が名称変更を求めて来た。実体が変わらないのに、名称を変えることはできない、と言って断った〉

前川　私が文部省の外局である文化庁の宗務課長に就いた１９９７（平成９）年に、統一教会が「世界基督教統一神霊協会」から「世界平和統一家庭連合」[注16]に名称を変更したいと認証を求めてきました。事前相談があったのです。

認証の対象は、宗教法人の規則です。宗教法人の規則のなかには、必ず名称を記さなければなりません。名称を変更するには、改めて規則を認証する必要があるのです。

統一教会は、教祖の故・文鮮明氏が１９５４（昭和29）年に韓国のソウルで創設しました。間もなく日本でも布教が始まり、１９６４（昭和39）年に東京都知事が宗教法人として認証しました。1996（平成8）年に施行された改正宗教法人法により、所轄庁が都知事から文部大臣（現在は文部科学大臣）に移りました。

宗務課としては、「組織の実体が変わっていなければ、規則変更は認証できない」と判断し、申請を受理しませんでした。申請を受けて、認証を却下したわけではなく、水際で対処したのです。

もし申請を出されていたら、受理しなければなりません。受理しないと、行政手続法違反になってしまいます。仮に統一教会からの申請を受理していたら、認証しないという決定をすることになっていたと思います。宗教法人法上は、宗教法人が規則変更を求めてきた場合、認証するなら特別な手続きは不要で、所轄庁限りで判断して認証します。しかし認証しない場合には、所轄庁から宗教法人審議会に諮問して、意見を聞かなければなりません。

私たち宗務課としては、申請を出す前に統一教会側に納得してもらえれば一番いいと判断して、引き下がってもらったということです。

統一教会に関しては霊感商法[注17]が問題となっており、損害賠償請求を認める判決も出ていました。また、青春を返せ訴訟[注18]などもありました。「世界基督教統一神霊協会」として争いが続いている裁判があり、社会的にもその名前で認知され、その名前で活動してきた実態があります。霊感商法対策弁護士連絡会の人も宗務課に来て、いろいろな情報を提供してくれていました。私自身は直接話を聞いていませんでしたが、統一教会の問題については知っていました。

このような問題のある宗教法人の名称変更を認めれば、社会的な批判を浴びかねないという認識があったのです。

私が宗務課長になった前年、オウム真理教が起こした事件をきっかけに、宗教法人法が改正されました。宗教法人法改正によって、文化庁が特別な監視機能を持つようになったわけではありません。しかし、宗教法人をより注意深くチェックして慎重に対処し、安易に認証してはいけないという考え方に大きく変化しました。

そうしたことも、統一教会の名称変更を突っぱねたことの背景となっています。

宗務課の部下たちとは、統一教会を「公共の福祉を害する行為をした」または「宗教団体の目的を逸脱した行為をした」という理由で解散させることはできないものかという議論もしました。統一教会の霊感商法や合同結婚式は、大きな社会問題になりました。法外な寄付、法外な価格の物品販売、法外な労働奉仕は過度の自己犠牲ですし、見ず知らずの人との結婚は理性や自由意思があれば選択するはずのない行動です。

１９９８（平成10）年当時も、統一教会の信者が引き起こした刑事事件や統一教会が訴えられた民事裁判がありましたが、司法の判断が十分示されているとはいえない状況でしたので、宗務課で検討はしたものの、当時は解散命令の請求は厳しいとの結論でした。

こうした経緯から、１９９７（平成９）年以降、ずっと統一教会が求める名称変更の申請を受理せずに水際で断る状態が18年間も続いていました。

ところが、一転してこの方針が転換され、２０１５（平成27）年８月、統一教会の名称変更が認証されたのです。

このとき、私は文科事務次官に次ぐ文科審議官のポストに就いていました。事前に担当課長の文化部宗務課長が、統一教会の名称変更を認証することについて、説明に来たことは覚えています。

「今まで認証しない方針でやってきたのだから認証すべきではない」と私は言いましたが、最終的には認証されました。長年、断り続けてきた名称変更を認証するのですから、やらざるを得ない政治の力が働いたはずです。

役所というのは、前例を踏襲《とうしゅう》するのが基本的な考え方です。よほど差し迫った理由がない限り、いったん決めた方針は容易に変更しません。

統一教会の名称変更の認証は、私が宗務課長だったときに水際で断ることにして以来、その方針を維持してきたはずです。役人限りであれば、前例踏襲の原則が守られ続けるはずで、名称変更を認証するという方針の変更は、何らかの政治的圧力がなければ絶対に起こり得ないことです。

政府あるいは自民党の政治家から出てきた話であることは間違いないでしょう。

この名称変更の認証はすべきではなかったのです。統一教会はさまざまなダミー団体を作り、正体を隠して人々をおびき寄せるのですが、規則上の名称変更は究極の正体隠しだと言っていいでしょう。

この団体を「旧統一教会」と呼ぶこと自体、彼らの正体隠しに手を貸すことにつながります。だから私は、今でもこの団体を「統一教会」と呼んでいます。

認証時の文科大臣だった下村さんは関与を否定しているが……

島田　旧統一教会の名称変更を認証した当時の文科大臣は、下村博文さんでした。下村さんの関与が取り沙汰《ざた》されていますが、ご本人は否定しています。そのあたりはどうなんでしょうか？

前川　そうした声に対して、下村さんは２０２２（令和４）年7月13日に「統一教会の名称変更について、ＳＮＳやネット上で私が文科大臣時代に関与し行ったとの書き込みが多くあり、また先日週刊誌からも同様の質問状を受け取りましたので、正確に回答申し上げます」とツイッターに投稿しました。そのツイートには、回答文書も載せられていて、次のように書かれていました。

〈文化庁によれば、「通常、名称変更については、書類が揃い、内容の確認ができれば、事務的に承認を出す仕組みであり、大臣に伺いを立てることはしていない。今回の事例も最終決裁は、当時の文化部長であり、これは通常通りの手続きをしていた」とのことです〉

通常、大臣に伺いを立てることはしないということは、通常でない場合には伺いを立てるという含みがあります。

今後、「大臣に説明をしたところ、こういう指示があった」という証拠のペーパーが文科省内から出てくる可能性があります。そういうものが出てきたとき、「通常、大臣には伺いを立てないが、自分としては記憶がないが伺いを立てていたようだ」と言い訳ができるようになっているのです。

それに続いて、「最終決裁は、当時の文化部長」とあります。これは、大臣にはこの件について話が上がっていないというようにも読めますが、あくまでも決裁の話であり、決裁と事前の説明は異なるプロセスです。実質的な意思決定は、事前の説明の場で行われたのです。

決裁というのは、文書を整えるだけのプロセスです。決裁には決裁規程があって、最終決裁権者は大臣でない場合も多くあります。大臣の名前で行う行政行為であっても、決裁はその下の役職で十分だということもあります。すべて大臣の決裁が必要ということになれば、大臣はずっと決裁のハンコを押していなければならなくなります。

宗教法人の規則の認証、あるいは規則の変更の認証という行政行為については、文化部長限りで決裁できるという内部規程があります。最終決裁が文化部長であるというのは、書類を整える際の決裁が文化部長止まりという話です。

事務方は統一教会の名称変更の申請を認証するにあたり、大きく三つのプロセスを経る必要がありました。決裁前に文科大臣の指示あるいは了解を得て、決裁ルールにもとづいて文化部長が決裁し、決裁が終了したら文科大臣に報告する。これらは、それぞれ段階が異なる別々のプロセスです。

組織の実体が変わっていなければ、認証はできないという判断のもと、文化庁は申請そのものを受理しない水際での対処を18年にわたって続けてきました。その方針を大きく転換するわけですから、「決裁前に文科大臣の指示あるいは了承を得る」というプロセスが肝になると言えます。

しかし、下村さんはこの点には一切触れずに、「伺いを立てて決裁前に文科大臣の指示あるいは了承を得る」プロセスと「文化部長が決裁する」プロセスをわざと混同させて、大臣による事前の指示や了解はなかったと、誤解させるような書きぶりにしたのです。そして、全体が文化庁からの伝聞という形を取っています。


私はこの回答文書を読んで「ああ、やっぱり下村さんが指示したんだ」と思いました。前段は「自分は何も知らないが、文化庁に聞いてみたらこうだった」という伝聞であって、下村さん自らの言葉ではありません。後段は、「間違っても、事実に反する記事は書かないように」という脅しになっている。

まさに「語るに落ちる」であって、事前に指示、あるいは了解を与えた事実を自白しているようなものです。自分を主語にして、端的に「私は事前に指示していない」「私は事前に了解していない」「私は事前に何も聞いていない」と書けばいいのに、徹頭徹尾、文化庁からの伝聞にすることによって自らは責任を逃れ、文化庁に認証の責任を負わせられるようになっているのです。

島田　回答文書の最初に「書類が整っていれば自動的に認める」といったことが書かれています。そうすると、前川さんが押しとどめていた時代との整合性がなくなりますね。

前川　書類をそろえて申請されれば受理するのは当然ですが、受理したからといって、自動的に認証することにはなりません。認証しない場合の要件や手続きは、宗教法人法に書いてあります。1997（平成9）年当時「受理しなかった」というのは「申請されても認証できませんから、申請しないでください」と求め、統一教会側に納得して引き下がってもらったということです。そのときの認証できない理屈としては、「中身と名前は一体のものだ」と答えていました。「実体が変わっていないのに、名前だけ変えることはできません」ということです。

しかも、「世界基督教統一神霊協会」という名前は、社会的関係がいろいろできてしまっていました。いい関係もありますが悪い関係もたくさんあって、訴訟の被告にもなっていて、現にその名前で裁判が行われています。「名前を変えられないでしょう。同一性を変えることはできない」ということです。方法としては、申請を出さないようにしてもらうということで、水際の対処をしたわけです。むしろ、ここで統一教会の名称変更を認証してしまったら、認証した文部省が社会的に批判されるだろうと思っていました。

島田　受理をしないということは報道されているんですか？

前川　今は私が話しているので、１９９７年当時認証できないと判断し、受理しなかったことは報道されて、認知されるようになっています。

島田　そうすると、下村さんとしては困った事態ですね。整合性がとれなくなってしまいます。下村さんという人は、よくわからないところがあるという印象です。

前川　下村さん自身が、何か宗教的信仰があるというわけではないと思います。でも、選挙の際に応援してくれるところなら、何でも取り込むということでしょう。

島田　下村さんは、幸福の科学大学を認可しなかったときの大臣ですよね。幸福の科学大学側がまずいことをしたというのも大きいし、1回やって2回目は取り下げました。そのときに幸福の科学の人は、「下村さんは以前、うちの会員でしたよ」と言っていました。

前川　私は、統一教会の名称変更の認証は、下村さんの積極的な指示によるものであった可能性が高いと思っています。少なくとも、認証の了解は与えているはずです。認証へと方針転換したことには、何らかの政治的圧力があったことは間違いないですし、案件として下村さんに上がっていないはずはありません。

下村さんの弁明の文書を読むと、かえってその感を強くします。

島田　認証が行われたのは、第二次安倍政権下ですよね。そうなると、安倍首相が関わっていたのかどうかが問題になります。

前川　それもよくわかりません。官邸から来た話なのかもしれませんね。

島田　下村さんの個人的な動機としては、あまり旧統一教会に対してどうこうということはないと思うのですが、どうでしょう。

前川　よく言われているのは、統一教会は労働奉仕として、国会議員のもとに秘書を大量に送り込んでいると。そういう話は聞いています。国会議員の事務所に行くと、統一教会系の新聞である『世界日報』が置いてあったりもします。

下村さんが統一教会から送り込まれた秘書を雇っていたかどうかは知りませんが、一つ言えるのは、２００９（平成21）年の衆議院総選挙で、下村さんは東京11区で有田芳生さんと闘ったということです。このとき、下村さんはわずか３０００票ほどの僅差で勝ちました。有田さんと言えば統一教会の不倶戴天《ふぐたいてん》の敵ですからね。敵の敵である下村さんを統一教会が強力に支援したであろうことは想像に難くありません。

「反共」のスタンスが自民党と旧統一教会の関係を深めた

――そもそも旧統一教会は、岸信介さんが日本に招き入れたのでしょうか。それとも、宗教的な思惑があって旧統一教会側から接近したのですか？

島田　話は、巣鴨プリズンに遡ります。日本が戦争に負けたとき、何人かがA級戦犯として逮捕されました。そのなかには、東條英機など処刑された人もいれば、処刑が行われた翌日に釈放された人もいます。それが岸信介であり、笹川良一であり、児玉誉士夫《よしお》です。3人が釈放されたのはアメリカの方針でした。

1917（大正6）年の革命でソ連邦が成立して、それが国際共産運動を展開し、それに対する警戒心が醸成された。この結果、日本では治安維持法ができますが、戦後になると状況が変わって、中国共産党ができる。やがて朝鮮戦争が起こって南北が分かれ、ベトナムも南北に分かれます。終戦時、共産主義の脅威が非常に強くなることが予想されるような状況で、共産主義に対抗しようとする意欲を持つ人間は役に立つので釈放するわけです。岸、笹川、児玉は、反共のために釈放された側面があります。

戦後は「反共」が大きな課題で、宗教のなかでも反共の性格を持った教団が大きな役割を果たします。その一つが旧統一教会ですが、もう一つが生長の家[注19]、日本会議[注20]という路線です。生長の家がもともと日本会議の母体の一つになるわけで、開祖の谷口雅春は戦前から国家主義者であり、それが戦後に戦前回帰と反共を言うようになりました。

創価学会も、1960（昭和35）年に池田大作さんが32歳で会長になります。この年は安保の年で、創価学会は安保に対して中立の立場をとりました。これはかなり重要なことです。創価学会が選挙で一番競っていたのが日本共産党です。お互いに都市下層民がターゲットなので、両者は熾烈《しれつ》な闘いをしていました。そういうことを防ぐために、1974（昭和49）年に創共協定を結んだ。

創共協定は、日本共産党のシンパだった作家の松本清張が仲介役になって、宮本顕治委員長と池田大作を会わせることで結んだ協定です。ただし、創価学会は公明党にそのことを一言も言わないまま協定を結んだため、驚いた竹入さんと矢野さんは、創共協定を骨抜きにしました。

旧統一教会は、まず韓国で創設されています。その後、日本に伝えられて勝共連合[注21]も組織されます。日本の勝共連合を作るときには笹川良一が協力して、彼が名誉会長になりました。1968（昭和43）年のことです。

当時の日本は学生運動や政治運動が盛んだったから、左翼に対する対策として、国内的には共産党、国外的には共産主義の国家、そういうものといかに対抗していくかということで勝共連合ができました。

勝共連合ができなかったら、政治的には旧統一教会はあまり意味を持たなかったと思います。勝共連合が創設されたときに、岸（信介）さんも発起人として協力しているわけです。というのも、そのときたまたま渋谷区南平台町にあった岸さんの邸宅の隣が、旧統一教会系の原理研（原理研究会）[注22]だった。

そのころの旧統一協会の会長だった久保木修己という人は、もともと立正佼成会の信仰2世で、立正佼成会の会長から派遣されて統一教会を調べはじめたのですが、旧統一教会に共鳴するようになり、改宗してしまった。

岸さんは、隣で何をやっているかと興味を持って久保木さんなどと話をし、共鳴したのではないでしょうか。反共運動として、旧統一教会の意味は非常に大きいものです。そこから岸さんとの関係が生まれ、岸さんが文鮮明と会うことになる。2人が会ったときの写真も残されています。

そのようないきさつがあって、これが自民党議員と旧統一教会との関係が深くなっていく遠因になっているわけです。そして、旧統一教会が共産党や共産主義に対抗する組織であったということが、新宗教が自民党と関わった一番大きな要因となっているのです。

旧統一教会の影響力はさほど大きくない？

島田　安倍さんの著書『美しい国へ』は、ベースとなっているのが文鮮明の言説ではないかと言われています（日本の統一教会〈世界平和統一家庭連合〉の初代会長・久保木修己の遺稿集『美しい国 日本の使命』と、安倍元首相の『美しい国へ』との類似性が指摘されている）。

旧統一教会は、勝共連合と結びついてさまざまな活動をしました。安倍さんがメッセージを送った天宙《てんちゅう》平和連合という団体の会長と、今の勝共連合の会長は同じ人（梶栗正義氏）です。その父親が旧統一教会の元会長（梶栗玄太郎氏）という関係です。ここに三つの組織の関係がはっきりと示されています。

霊感商法や献金でお金を集めなければならないという状況が生まれたのも、笹川良一や児玉誉士夫というスポンサー的な人がいなくなったからでしょう。資金を日本の統一教会が稼ぎ出すという位置づけになって、そこから霊感商法などが始まったのではないかと思います。最初からやっていたわけではありません。

旧統一教会には、勝共連合の系統から入った人と、純粋に信仰から入った人の二つのグループがあって、教団内でも分かれています。

合同結婚式にしても、いろいろな意味はあるでしょうが、信者同士が結婚することによって、脱会しにくいという構造ができるわけで、そういう役割を果たしていたのではないでしょうか。

文鮮明が亡くなったあとに、息子の間で対立が起こって分裂して、七男がやっている別の組織（サンクチュアリ教会）もできている。家族や平和を謳《うた》っていても、教祖の家族はバラバラで家族非統一連合のような状況です。

そういうことも影響して、かなり信者が抜けています。それから、霊感商法を叩かれたので、コンプライアンス重視という方針になりました。ただし、これに対する反発が内部にはあります。何で今さらと、内部が分裂状態になっている。ちなみに今の会長（田中富広氏）は、コンプライアンス派です。

複雑なのは、霊感商法は旧統一教会とは別の会社組織でやっていたりするので、旧統一教会ではやっていないという言い訳も成り立つことです。関連グループが何をやっているかよくわからない、ということがあり得るでしょう。全体的に言えば、昔のような共産主義に対抗するという意義はなくなっている。

興味深いところは、北朝鮮とのパイプを作ったことでしょう。反共だったのが、北朝鮮と組んでいろいろな事業を展開するようになった。他に大きな事業としては、日韓トンネルがあります。日韓トンネルを作るにあたっては、そこに利権が生じるということで、超党派の国会議員団もできています。しかし、こうした計画はどれも必ずしもうまくいっているとは言えません。

全体的に見ると、旧統一教会の影響力はそれほどではなくなったと言えます。こんなに叩かれてもかばう人がいないのは、そういうことではないでしょうか。とはいえ、今まで築き上げてきた関係は簡単には消えないでしょう。自民党側からすると、ほとぼりが冷めるのを待っている状況ではないでしょうか。関係を切るのも難しい。ただ、旧統一教会とつながりが強かった安倍さんが亡くなったことは、結果的に大きいと思います。

前川　統一教会の主張と自民党の保守派は、同性婚、夫婦別姓はダメだという主張が重なっています。あれはもともと、統一教会が言っていたことなんですか？　選択的夫婦別姓がダメだといいますが、韓国はもともと夫婦別姓です。文鮮明の妻は韓鶴子。教祖夫婦が別姓じゃないですか。夫婦が同じ姓じゃなきゃならないと主張するのは不自然です。なぜそうなっているのか、不思議で仕方ありません。日本側の保守的な政治家がそう考えるのはわかりますが、統一教会がなぜ同じ主張をしているのか……。

島田　旧統一教会と関連団体の主たる活動は、結局のところ大規模なイベントを開くことで、そこに安倍元首相をはじめ、自民党の議員に参加してもらったり祝電を打ってもらうことで箔をつける。そのために、旧統一教会の側が自民党にすり寄って、自民党の議員が共鳴しやすい政策を打ち出しているのが実態ではないでしょうか。

前川　選択的夫婦別姓反対は、自民党に近づくために統一教会側が調子を合わせているのではないかと思います。しかし、統一教会に家父長的道徳観が色濃くあるという感じはありますね。そのへんは日本社会の前近代的な部分と一致している。

男尊女卑だからジェンダー平等に反対する。子孫ができなければ家が断絶するから、子どもを産まない同性婚は認めない。子は親に従順でなければならないと考えるから、そういう家庭教育を重視する。女性は結婚までは純潔でなければならないと考えるから、性の自己決定権を重視する性教育に反対する。そういうところは統一教会自身の利害に直結するので、同じ傾向を持つ自民党の右派を支援するのだと思います。

しかし、統一教会には韓国版の自民族中心主義があると思うのですが、日本の自民族中心主義の権化のような安倍晋三氏やその周辺の政治家が、なぜ統一教会とあそこまで癒着できたのかは、やはり不思議です。

島田　旧統一教会と言っても、韓国の統一教会、日本の統一教会、アメリカの統一教会はそれぞれかなり違いがあります。アメリカでは、そういう類いの新興宗教がたくさんあるので、旧統一教会のことは格別問題視されないんです。霊感商法もやっていないし、先祖の祟《たた》りなどと言っても、アメリカ人には通用しません。

日本は経済大国になって、お金がいっぱいある。日本を資金源として日本で大きくなっていったというのはあると思います。

――中国での旧統一教会はどのような存在なのでしょう?

島田　中国共産党は宗教に対してうるさいから、中国で活動するのは難しい。中国でも、法輪功《ほうりんこう》などいろいろな宗教が生まれていますが、弾圧されています。今伸びているのはキリスト教ですが、やはりこれも弾圧されています。しかし、キリスト教であるがゆえに認めざるを得ないというのはあります。他の団体が中国で活動するのは難しいでしょう。幸福の科学も、中国から追い出されています。

安倍元首相銃撃事件[注23]で、旧統一教会が注目されましたが、多くの人は旧統一教会のことをよく知りません。合同結婚式で注目された1992（平成4）年くらいの知識がない人は、旧統一教会の何が問題なのかまったくわからないでしょう。

30年間にわたってあまり話題にならなかったということは、それだけ旧統一教会に影響力がなかったということでもあります。

前川　しかし、山上徹也容疑者の母親は、統一教会に約1億円も貢いで破産しました。そういった悲劇は、あちこちで起こっていた。

島田　それは間違いありません。ただ、あくまでも献金ですから。霊感商法の場合は違法性が問えますが、いくら5億円、10億円と多額の献金をしていても、本人が自由意思でお金を出していると言えば違法性は問えないわけです。

日本にも「反セクト法」のようなカルト対策が必要

前川　マインドコントロール、意思をコントロールしてしまうというところに怖さを感じます。それが宗教だと言えば宗教なのでしょうが、言ってみれば催眠術のようなものではないですか？　脱会して正気に戻るというか、考え直す人はいます。青春を返せ訴訟で争っている人などは、そういうケースではないかと思います。そのときは自分の使命だと思って霊感商法の仕事をしていたが結局、それは間違っていたとあとでわかったというような人たちです。こういうマインドコントロールを伴うカルトのようなものを宗教と呼んでいいのか……。カルトと宗教をどこかで区別する必要があるのではないでしょうか。

わが国は、きちんとしたカルト対策をとってきませんでした。それが、安倍元首相銃撃事件の根本的な要因だと思います。人を殺《あや》めるなんて絶対にしてはいけないことですが、容疑者の動機を知れば知るほど、その心情は理解できます。カルトは、そこまで人間を追い詰めてしまうということです。

政治課題として向き合わなければならない大きな問題なのに、政治が目を背けていたのは、カルトとつながっている政治家が自民党のなかに多くいるからです。その影響が非常に大きいと思います。

この問題に対しては、カルト対策先進国のフランスが２００１（平成13）年に制定した「反セクト法」[注24]と対カルト政策を研究するべきでしょう。フランスでは「心理的または精神的服従状態にある者」の「無知または脆弱状態を不当に濫用する行為」つまりマインドコントロールによる搾取を犯罪として処罰の対象にしており、この罪を含め反セクト法が定める犯罪で有罪判決が複数回確定した場合、裁判所が解散宣言できると規定しています。

１９９５（平成７）年にフランスの国民議会がまとめた報告書では、問題集団の危険性を見分ける判断基準として、次の10項目を定めています。

①精神の不安定化
②法外な金銭的要求
③生まれ育った環境からの誘導的断絶
④健康な肉体への危害
⑤子どもの強制的入信
⑥大小にかかわらず、社会に敵対する説教
⑦公共の秩序を乱す行為
⑧多くの訴訟問題
⑨通常の経済流通からの逸脱
⑩国家権力への浸透の企て

これらは日本でもカルト団体を見極めるうえで有効な基準だろうと思います。

カルト対策が進まないのは、政治家と統一教会のようなカルト的な宗教団体が持ちつ持たれつの関係だからです。政治家は教団に集票や選挙中の勤労奉仕を期待し、教団側は政治家に所轄庁や警察、税務署との橋渡しの役割をアテにする。
図らずも、銃撃事件によって政治家とカルトの関係が明るみに出て、カルト問題を顕在化させた。対策をとらなかったのは政治の怠慢《たいまん》だと思います。

島田　フランスは、特殊な事情があったということは踏まえなければいけません。フランス革命のときに、カトリックを徹底的に攻撃して聖職者を処刑するというようなことがありました。この経験から、いかに国家と宗教を切り離すかというのが、近代共和制のフランスの国是になっています。そんななかで政教分離の原則であるライシテ[注25]を確立して、宗教をいかに公共的な領域に進出させないかということで、現在ではイスラム教徒のスカーフ事件が起こりました。スカーフ問題[注26]が起こっているのは基本的にフランスだけで、あそこまで極端に宗教を公共空間から排除する国はありません。

前川　私も、あれは信教の自由を侵害すると思います。要するに、女の子がスカーフを巻いて学校に来るのを禁じるわけですから。誰かの迷惑になっているかと言ったら、誰の迷惑にもなっていません。どういう服装をしようと、人の自由を侵害しない限りは認めるのが当然だというのが我々の感覚です。それを認めない、公教育の場に宗教を持ち込むな、というのは宗教に対して敵対的すぎるのではないかと思います。

同じようなことを痛感したのが、２０１５（平成27）年、韓国の仁川でユネスコの教育についての国際会議があって、最後にまとめの文書を採択するときでした。その最終案文のなかに、レリジャスダイバーシティー（religious diversity）、宗教的多様性を公教育のなかで尊重することが大事だという文章がありました。

それに反対した国がフランスです。ダイバーシティであっても、レリジャスなものが入ってくるのを拒否する。それで、この言葉は採択文書に入りませんでした。


また、私が宗務課長だったとき、フランスとドイツに海外調査に行ったことがあります。同じヨーロッパの国でも、宗教と国家の関係はそれぞれかなり違っていて、イギリスは国教がある。フランスはライシテがあって、政教分離に関しては世界で一番厳しいかもしれない国です。

ドイツはその中間で、彼らにとってエスタブリッシュされた一定の既成宗教（キリスト教の新教、旧教、ユダヤ教など）には優越的地位を認め、公共の施設を使うことができます。仏教やイスラム教には認められていません。

日本だと憲法89条があって、公の財産や公金を宗教に出してはいけないことになっていますが、ドイツでは公の施設を宗教行事に使っていいという柔軟性があります。

フランスでも、アルザス地方にはそういう制度があります。アルザスを訪れたとき、ここは文化的にはフランスではなくドイツなんだと痛感しました。アルザスの人たちは、ビールを飲んでソーセージを食べています。フランスの領土ですが、ドイツ文化圏で、ライシテという憲法原則を崩す制度が認められている。

アルフォンス・ドーデの書いた『最後の授業』という物語には、普仏戦争でフランスがプロシアに負け、アルザス・ロレーヌ地方がドイツに割譲される前日の最後の授業で「これがフランス語の最後の授業です。フランス、アルザスを覚えておいてね」という場面が出てきます。でも、もともとは、三十年戦争か何かでフランスが奪った土地ではなかったかと。

島田　ヨーロッパは戦争の繰り返しで、領土がめまぐるしく変わってきました。

ドイツには教会税があります。教会に所属している人は、所得税と一緒に教会税を払います。国が徴収し、それを教会に配る。だから、ドイツの教会は世界の教会で一番豊かです。ライシテとはまったく違います。フランスだと、カトリックの教会は国の所有になっていますが、これは国が宗教をその管轄下に置くためです。

国によって、政教分離の原則は違います。フランスの影響で、ライシテに近い「ライクリッキ」を導入したのがトルコです。トルコ共和国を作るときに、イスラム教の影響を排除するために政教分離を取り入れました。

トルコもやはり、政府が宗教を監視する形になっています。東京には戦前から東京モスクがありましたが、それが老朽化して建て直さなければならなくなりました。トルコは国として直接お金が出せないので、トルコ国内で広く募金をして、そのお金でモスク（東京ジャーミイ）を建てました。渋谷区の代々木上原駅近くにありますが、モスクには、トルコの宗務庁から派遣されたイマームという人が指導者として常駐しています。「なぜ宗務庁から派遣するんですか？」と質問すると、宗教を監視するためにそういう制度になっているとのことでした。

フランスが宗教をセクト認定するのは、フランスだからこそ行われていることです。創価学会がカルトだとフランスで言われているのは、その結果です。ただ、それも一時期のことでした。フランスのことを普遍化するのはとても難しいですね。

ライシテも、今は対カトリックというより対イスラムになっています。イスラム移民が国民の5％以上になっていて、対イスラムにライシテが傾いてきています。

――日本の政教分離はどうとらえればいいでしょうか？

島田　憲法で定められていた原則ですが、津地鎮祭訴訟[注27]によって、厳格化しなければならないという傾向が非常に強くなりました。それによっていろいろなことが縛られるようになってきました。首相も天皇も靖国神社を参拝することができないのは、政教分離が強く言われるようになったがゆえです（詳細は第四章を参照）。

前川　日本の政教分離というのは、国家神道との関係で論ずるべきものでしょう。もっと遡れば、奈良時代の鎮護国家思想などがあったのだと思います。仏教で国を治めようと思っていたのでしょうが、天皇家だってずっと仏教の信仰は持っていたし、菩提寺も持っていました（京都・泉涌寺《せんにゅうじ》）。それを明治の神仏分離で分けて、仏教は外来のものだという考え方が広がったのではないでしょうか。神道を組織化して、国家神道として一つの秩序を作ってしまって、それが日本の軍国主義に加担したと考えられたのではないか。
　もともと神道は、何でもかんでも拝んでしまう汎神論的な性格を持ちます。八百万《やおよろず》の神は、山や木や岩や海、動物、あるいは人間、菅原道真や天皇に反乱を起こした平将門まで含まれます。怨霊信仰もあって、怨霊を鎮めるという意味で神にした。何でも神にして、それを一つにまとめて国家神道にして、国家管理の下に置く。これが、明治政府が考えたものだと考えています。

結局、国家神道は国民精神を一本化するのに役立ち、最後は戦争でも神風が吹くと、誰もが信じ込まされてしまったわけです。私の父は95歳で健在ですが、「日本は必ず勝つと思っていた」と言っています。

第四章

戦前回帰志向の流れと日本会議・神社本庁

日本会議とはどのような団体なのか？

――政界への影響力があるグループとして、日本会議の存在が注目されています。日本会議とは、どんな団体なのでしょうか？

島田　日本会議は1997（平成9）年、「日本を守る会」と「日本を守る国民会議」という二つの組織が合流する形で誕生しました。

このうち「日本を守る会」は、主に右派系の宗教団体が中心となっていました。富岡八幡宮の宮司だった富岡盛彦、臨済宗円覚寺派管長だった朝比奈宗源が、明治神宮権宮司の伊達巽、生長の家総裁の谷口雅春、陽明学者の安岡正篤らに呼びかけ、1974（昭和49）年に結成されました。

一方、「日本を守る国民会議」は、第5代最高裁長官だった石田和外《かずと》が退官後に結成した「元号法制化実現国民会議」を発展、改組する形で1981（昭和56）年に誕生しました。この組織に集まったのは、保守系の文化人や団体、旧日本軍関係者などで、「日本を守る会」に参加していた教団の関係者も多く含まれていました。

この2団体が統合されて生まれたのが日本会議で、元号法制化の実現、昭和天皇在位60周年奉祝運動、歴史教科書の編纂事業、自衛隊ＰＫＯ活動への支援、新憲法の提唱などを目的として活動してきました。

日本会議が注目されるようになったのは、２０１６（平成28）年からです。ちょうどそのころから、神社のなかに憲法改正の署名を集めるようなところが出てきて、それによって、憲法改正に反対する人たちが日本会議の存在を問題にするようになり、関連の書籍も多数発売されました。

それまで日本会議はさほど活発な活動をしてきたわけではありませんが、安倍政権のなかに日本会議の議員グループ（日本会議国会議員懇談会）に名を連ねている議員が多く含まれていたことで、政権との癒着《ゆちゃく》が言われるようになりました。

――生長の家は日本会議のなかでどういった存在だったのでしょう？

島田　生長の家は、日本会議の前身となる「日本を守る会」に入っていました。現在の生長の家はエコロジーを推奨する宗教団体に変わっていますが、戦前は右派の新宗教として活発な活動を展開していたのです。

敗戦は生長の家にとって根本的な危機が訪れたことを意味しますが、谷口は「日本は決して負けたのではない」と敗戦を合理化（大東亜戦争＝太平洋戦争に敗れたのはあくまでも無明〈まよい〉と島国根性に凝り固まった「偽の日本」であって、本当の「神洲日本国」は敗れたのではないと、七つの灯台の点灯者の神事などで主張）する一方、天皇を中心とした政治体制である国体が滅びていないことを強調しました。

しかし、戦前の体制が崩れたため、生長の家の主張は成り立たなくなり、運動が壊滅してもおかしくありませんでした。

ところが、国際情勢の変化で東西冷戦という事態が生まれたことにより、日本国内でも保革の対立、右派と左派の対立が激化していきます。左翼運動が活発になることによって保守陣営の間に危機感が高まり、反共主義を掲げていた生長の家に再び活躍の場を与えることになりました。

谷口は１９５３（昭和28）年に刊行した著書において、占領の産物である日本国憲法の破棄を訴えました。それが大日本帝国憲法の復元という主張に結びつき、１９５６（昭和31）年には機関紙上で「明治憲法の復元運動に協力せよ」という文章を発表しています。

紀元節の復活、日の丸の擁護なども主張しましたが、これらは後年、神社本庁や日本会議が運動として取り組み、一定の成果を上げています。

生長の家では、1964（昭和39）年、生長の家政治連合（生政連）を立ち上げ、村上正邦さんや玉置和郎さんなど、自民党の参議院議員を4人当選させています。生長の家が掲げる政策を実現するには、なんとしても政治の力が必要だということで、政治と深く関わることになったわけです。

日本会議のなかでこのような明確な主張を持っていたのは、生長の家だけでした。そのため、影響は日本会議全体に及んだのです。ただし、現在の教団は政治との関係を絶っています。

前川　今の生長の家は、まったく様変わりしているんですよね。現在の総裁は、谷口雅春さんのお孫さんで、エコロジー活動などをやっています。

島田　本部が山梨県の北杜市に移りました。

前川　環境問題などに熱心で、私の友人で麻布学園の理事長をやっている吉原毅君は、今の生長の家とは親しく、反原発運動なんかをやっています。谷口雅春さんとは、まるで違う方向に行っています。同じ生長の家でも、昔と今は全然違います。

島田　ただ、生長の家の本部の方針は変わってしまいましたが、そこから別組織を作って谷口雅春の思想に従っているグループもありますし、残っている会員にも考えを変えていない人たちがいます。昔の谷口イズム、反共主義、明治憲法に帰れという考え方はまだ残っています。

戦後の保守的な運動としてはいろいろなものがありましたが、そのなかでは靖国神社の国家護持の運動が非常に大きい。日本遺族会は、最盛期に180万人くらいの会員がいました。圧力団体としては一番です。あれほど大きな組織はありませんでした。それを背景にして、靖国神社の国家護持を目指して運動が展開されたのです。

靖国神社の国家護持運動の展開

島田　靖国神社の国家護持をめぐる議論が行われるようになったきっかけは、1952（昭和27）年11月に日本遺族厚生連盟の第4回全国戦没者遺族大会で「靖国神社並に護国神社の行う慰霊行事はその本質にかんがみ国費又は地方費をもって支弁するよう措置すること」を求める決議があったことです。

日本遺族厚生連盟が発展してできた財団法人日本遺族会でも、靖国神社祭祀費用の国家負担決議が繰り返されていきます。

これがやがて、靖国神社の国営化あるいは国家護持に結びついていきます。その際に一番の問題になったのは、憲法の定める政教分離の原則に抵触しないかどうかということです。国の手に戻すには、靖国神社の非宗教化が必要だとされました。

自民党が非宗教化を具体化した「靖国社草案要綱」を発表し、日本社会党が靖国平和堂と改称するなど非宗教化の案を提起すると、日本遺族会は組織内に小委員会を設置して、1956（昭和31）年4月に「靖国神社法案（仮称）意見書」を衆議院の海外同胞引揚特別委員会に提出しました。

この意見書では、靖国神社の名称は変えない、靖国神社は国事殉難者の「みたま」を奉斎し、その遺徳を顕彰・慰霊するもので、その特殊性と伝統を尊重することを求めています。日本遺族会はあくまで、宗教施設として靖国神社を存続させようとしていたのです。

その後、日本遺族会は靖国神社の国家護持を求める署名活動を展開することを決定。当時の日本遺族会は最大の圧力団体だったわけで、その力を背景に、各地方議会、国に対して働きかけを行っていきました。

靖国神社自体も、1963（昭和38）年4月に「靖国神社国家護持要綱」を発表します。

基本的な考え方は、靖国神社が行ってきた祭祀をそのまま継続させ、国がそれを護持するというものでした。

こうした動きはあったわけですが、自民党が法案を提出したのは1967（昭和42）年6月になってからのことで、以後、全部で5回提出されることになります。その内容は、日本遺族会や靖国神社が望んだ方向で国家護持を実現しようとするものでした。ただし、政教分離の原則に配慮し、特定の教義を持ち、信者を教化育成するなどの宗教的活動を禁止する規定が含まれていました。

この法案では、靖国神社の呼称を存続することが定められており、名称が残る限り、そこで行われる儀式、行事はどうしても宗教的なものになってしまいます。そのため、法案が国会に提案されても、そのたびに廃案になったのです。

法案が成立しなかったのは、他の宗教団体等の反対があったことに加え、内閣法制局が出した「靖国神社法案の合憲性」という見解も大きな役割を果たしました。

この見解は、「祝詞」を「感謝の言葉」に変える、「修祓《しゅうばつ》の儀」や「御神楽《みかぐら》」は別の形式にする、「降神、昇神の儀」はやめる、「拝礼」は二拝二拍手一拝にこだわらない、神職の職名を変える、鳥居の名称も検討する必要があるというものでした。

靖国神社側としては、とうてい受け入れられる内容ではありませんでした。「靖国神社は神霊不在、正体不明の施設に堕することは間違いない」と反発しました。内閣法制局の見解は、本来宗教施設である靖国神社の非宗教化がいかに難しいかを示すものだと言えるでしょう。

靖国神社と国の関係は断ち切られたわけではない

島田　靖国神社は戦後、国の管理から離れ、民間の一宗教法人になりました。しかし、国との関係が一切断ち切られたわけではありません。一番大きかったのは厚生省（現・厚生労働省）との結びつきです。

厚生省には引揚援護局というセクションがありました。戦争で各地に散っていった軍人や軍属の人たちの引き揚げを、いかに円滑に行うかということで設けられたのが引揚援護局です。1948（昭和23）年に厚生省の外局である引揚援護庁として生まれ、のちに厚生省に設置された引揚援護局に吸収されました。

実は、この引揚援護局が靖国神社に誰を祀るかという名簿を作成していました。役人が靖国神社に協力する体制が作られたのです。

このことは、政教分離の原則からすると、それに違反する可能性があります。しかし、そこにはやむを得ない事情がありました。引揚援護局は、その元をたどれば、陸軍省が改組された第一復員省と、海軍省が改組された第二復員省です。局員は皆元軍人でした。名簿を持っているのは軍隊ですから、復員を行うためには元の陸軍省や海軍省がここに関わるしかなかったのです。

本来、軍人は公職追放によって官僚にはなれませんでしたが、引揚援護局だけは元軍人が局員になることが許されました。そうした元軍人たちの最も重要な使命は、仲間を一刻も早く靖国神社に祀ることでした。

しかも、靖国神社に祀られることが、軍人恩給の対象になるのです。軍人恩給はいったん廃止されて、のちに復活しました。その間は別の制度（遺族援護法）が作られたのですが、戦没者の遺族にとっては、恩給をもらえるかどうかはとても重要なことになってくるわけです。

そのようなこともあり、戦前と同じように戦没者は靖国神社に祀られ続けることになりました。信念が関わってくる部分もありましたが、軍人恩給という経済的な部分があるがゆえに、元軍人たちは祭神名簿作りに精力を傾けたのです。

政教分離の原則に大きな影響を与えた「津地鎮祭訴訟」

島田　靖国神社の国家護持の問題が高まっていくなかで、反対する側の重要な武器となったのが、津地鎮祭訴訟でした。

政教分離は、日本国憲法に定められた原則です。この原則が強く意識されるうえで、政治と宗教の関係に明らかに決定的な影響を与えたのが、津地鎮祭訴訟です。この訴訟の行方は、靖国神社の国家護持運動だけでなく、首相の靖国神社参拝にも大きな影響を与えることになります。

津地鎮祭訴訟とはどのような裁判だったのか、その推移を見ていきましょう。

１９６５（昭和40）年１月、日本共産党所属の三重県津市市議会の関口精一議員のもとに、市長から市立体育館起工式への招待状が届きました。しかし関口議員は、「起工式が神式で行われるのは日本国憲法二十条で禁止されている国およびその機関が宗教的活動を行うものに相当し、信教の自由を侵害する」として、津地方裁判所に起工式の執行停止を申し立てたのです。

津地裁は、差し止めの必要がないと申し立てを却下しましたが、これを不服とした同議員は市の監査委員に監査請求を出しました。監査委員も「起工式はあくまで慣習である」との立場をとりました。

起工式の際には建築現場で地鎮祭が行われ、津市長は神社に対し、祭祀の費用を支出しました。すると関口議員は、神道式の地鎮祭に公金を支出することは政教分離の原則に違反するとして、津地裁に対して損失補償を求める訴訟を起こしたのです。

津地裁は、「地鎮祭はあくまで習俗で、神道の教義を広めるためのものではなく、憲法二十条に違反しない」として請求棄却の判決を出しました。しかし、名古屋高裁での控審判決では、地鎮祭は宗教的活動に該当し、公金支出は憲法違反であるとされました。

結局、この裁判は最高裁まで争われましたが、１９７７（昭和52）年7月13日の最高裁判決では、「地鎮祭への公金支出は宗教的活動には当たらない」として、原告の請求は棄却されました。

この最高裁判決において、「行為の目的が宗教的意義を持ち、その効果が宗教に対する援助、助長、促進または圧迫、干渉等になるか否か」で違憲か合憲かが分かれるという判断基準が示されました。これは「目的効果基準」と呼ばれ、以降、政教分離の原則をめぐる裁判の判断基準となっていきます。

最高裁で合憲とされたこの津地鎮祭訴訟は重要な意味を持ち、政教分離の原則に大きな影響力を与えることになります。靖国神社の国家護持に反対する人たちにとっても、この訴訟は運動の重要な柱になっていきました。単に津市だけの問題にとどまらず、日本全体に関わる問題に発展していったのです。

津地鎮祭訴訟ののちにも、政教分離の問題が法廷で問われる事態が続きました。判決は裁判によって合憲、違憲がまちまちでしたが、訴訟が相次いだことで、国や地方自治体が宗教や宗教団体が関わる事柄に少しでも公金を支出することが難しくなりました。

首相の靖国神社公式参拝とA級戦犯合祀

島田　このように政教分離がさまざまな形で問われるなか、1975（昭和50）年8月15日、当時の三木武夫首相が靖国神社に参拝するという出来事が起こりました。首相が初めて終戦記念日に靖国神社を参拝したことから大きな注目を集め、首相という「公人」としての参拝なのか、三木武夫という「私人」としての参拝なのかが問われたのです。

三木首相は、「記帳は氏名だけで、内閣総理大臣とは記入しなかった。玉串料も自弁している。こうした手立てをとれば公式参拝に当たらず、政教分離の原則に違反しない」と主張しました。このときは大きな問題にならなかったのですが、これ以降、首相の靖国神社参拝が、公的なのか私的なのかが常に問題にされるようになっていったのです。

首相によって、式参拝の仕方はさまざまでしたが、政府は統一見解として、「首相や大臣の参拝は個人の宗教心のあらわれであり、玉串料等を公費で支出するなどの事情がない限り、私人の立場での行動と見るべきものと考えられる」としました。

政府は、私人としての参拝ならば、首相の靖国神社参拝は問題にならないという立場で押し通そうとしたわけです。しかし、公人か私人かの区別が生まれたことによって、社会的な議論を呼ぶ余地が生まれました。

そんななか、あえて公式参拝であることをはっきりと宣言し、終戦記念日に靖国神社を参拝したのが、当時の中曾根康弘首相です。1980（昭和55）年8月15日、中曾根さんは公用車で内閣官房長官と厚生大臣を伴って靖国神社に赴き、拝殿では「内閣総理大臣中曾根康弘」と記帳。本殿には「内閣総理大臣　中曾根康弘」と記した生花を供え、その献花料3万円を公費で支出しました。中曾根首相はその際、「いわゆる公式参拝であります」と明言しました。

このとき、想定していなかった事態が起こることになります。

中曾根首相が公式参拝を行うことを発表すると、中国から「東條英機ら戦犯が合祀されている靖国神社への首相の公式参拝は、中日両国民を含むアジア人民の感情を傷つける」

との声明が出されたのです。

中国の他にも、韓国、香港、シンガポール、ベトナムなどからも、同様に批判の声が上がり、靖国問題は新たな局面を迎えることになりました。Ａ級戦犯の合祀が実行された時点では問題視されなかったのですが、首相の公式参拝をきっかけに周辺諸国が反発して外交の武器として使えると判断したことから、より大きな問題となったのです（注28）（Ａ級戦犯合祀問題）。

２０１３（平成25）年12月、当時の安倍首相が靖国神社を公式参拝した際には、アメリカからも参拝を非難する声が上がりました。このように政教分離の厳格化は、次第に進んできたことがわかります。

靖国神社の公式参拝といえば、首相の参拝が特に注目されてきましたが、靖国神社の成りたちを考えると、より重要なのは天皇の参拝です。

昭和天皇は、１９４５（昭和20）年11月19日、戦後初の臨時大招魂祭に参拝して以降、たびたび参拝していましたが、１９７５（昭和50）年の参拝の際、初めて抗議の声が上がりました。その際に問題となったのは、首相と同じく、公的な参拝か私的な参拝かということでした。やはり、津地鎮祭訴訟の影響があったのです。

政教分離の気運は、今が一番強くなっていると思います。もちろん旧統一教会の問題がありますが、底流にあるのは公明党と創価学会の関係です。これが政教分離に反するのではないかというのが、一般的な声です。旧統一教会よりも、創価学会のほうに批判が傾いていく可能性があります。

神社本庁が作り出したビジネスモデル

——日本会議の議員グループ以前に、神社本庁がより強い政治力を発揮する組織を作り上げようと、１９６９（昭和44）年に結成した「神道政治連盟」があります。これに対応する超党派の国会議員の組織が「神道政治連盟国会議員懇談会」です。神社本庁が束ねて、国家神道を目指しているんでしょうか？

島田　ＧＨＱと折衝するために生まれた終戦連絡中央事務局では、国家と神社の分離は避けられないと考えていました。ただ、皇室と伊勢神宮の関係は存続させる方針をとることとされました。伊勢神宮や皇室との関係が深い神社は一般の神社と分けて、宮内省（当時）が管理する方向に持っていこうとしたのです。

しかし、１９４５（昭和20）年に神道指令が発されると、国と神社は徹底して分離しなければならなくなり、伊勢神宮は宮内省所管ではなく、新しい団体に包括されるという方針に転換せざるを得なくなりました。同年に宗教法人令が公布されると、新しい団体はそこに包括される神社とともに、神社本庁として組織されました。

神社本庁が誕生した際、その中心に位置づけられたのが伊勢神宮です。神社本庁がどうしたかというと、「本宗」という言葉を考え出したのです。この言葉は、それまでほとんど使われていませんでした。ただ中国語にはこの言葉があって、それは「本家」を意味しています。伊勢神宮を神社界の中心に据えようということで、本宗が持ち出されたと考えられます。それも、伊勢神宮を宮内省の所管として、皇室との関係を存続させる試みが頓《とん》挫《ざ》したからでした。

伊勢神宮には「神宮大麻」というお札があり、神社本庁の傘下にある神社にはこの神宮大麻を頒布することが課されています。神宮大麻の初穂料（価格）は800円でしたが、2020（令和2）年に1000円に改定されました。

全国約8万の神社本庁傘下の神社で販売される神宮大麻の初穂料は、いったん伊勢神宮の収入となります。そして、その半分が神社本庁、各都道府県にある神社庁を通してそれぞれの神社に交付されるとされます。とはいえ、それが神社本庁や各神社庁の運営資金にもなり、地域の支部にも分配されるので、末端の神社にはそれほど戻ってこないようです。

そんなものは聞いたことがないという神社関係者もいます。

伊勢神宮では20年に一度、社殿をすべて建て替えて神体を移す「式年遷宮」が執り行われます。かつては国がその費用を負担していましたが、戦後は民間の宗教法人になったため、国からは一切資金が出されなくなりました。そのため、その資金を稼ぎ出す必要があり、神宮大麻の頒布による収入確保の仕組みが作り上げられたのです。

式年遷宮を行うことによって、伊勢神宮が常に立派な状態に保たれ、皇室の祖先である皇祖神をお祀りしている。そうした伊勢神宮が中心にあるから、神社界には権威がある。このような仕組みを神社本庁は作り上げ、それで神社界全体の社会的な意味を確保しようとしたわけです。

しかし、神宮大麻がきちんと頒布されていればいいのですが、その数は年々減ってきているのが現状です。バブル期には頒布数がグンと増えましたが、その後は減っています。値上げによって収入は増えたと思いますが、この仕組みは安泰とは言い切れない状況になっているのです。

また、神社本庁は現在、不動産売買の不正や、総長人事の混乱など、さまざまな問題を抱えています。

神社本庁の不動産売買に不正があったとして、2015（平成27）年に元幹部2人が内部告発を行ったところ、それを理由に懲戒処分を受けました。その処分を不当として、元幹部が地位確認を求めた２０２１（令和３）年の裁判において、いずれの処分も無効であるとの判決が出され、神社本庁は裁判に負けています。

神社本庁の田中恆清《つねきよ》総長は内部告発で混乱を招いた責任を取り、内部告発の３年後にちょうど任期が来ることもあって辞めるはずでした。ところが田中総長は、神道政治連盟の打田文博会長とタッグを組んで、４期にわたって総長を務め、神社界を牛耳ってきました。今、その体制に対して疑義が持ち上がっているのです。

神社本庁には、事務方のトップである総長の上に、象徴的な存在である「統理」がいます。統理には、元華族などが就くことになっており、現在の統理は公家の家格の頂点である五摂家の一つ、鷹司《たかつかさ》家の現当主である鷹司尚武氏が務めています。

鷹司氏は田中氏を総長と認めておらず、別の人を総長に指名しました。しかし、田中氏と田中氏を支持するグループは、役員会で結論が出ていない以上、任期は過ぎていても田中氏が総長であるとして居座りの姿勢を崩していません。

その結果、総長を自認する人が２人並立する状態となっています。

このような問題もあって、神社本庁から離脱する神社が増えてきています。最近では、金刀比羅宮など有力な神社も離脱しています。

2017（平成29）年、東京江東区の富岡八幡宮で、宮司の就任をめぐるトラブルから殺人事件が起こりました（富岡八幡宮殺人事件）[注29]。神社本庁には宮司の任命権がありますが、富岡八幡宮も人事や運営への神社本庁の介入に対する反発がきっかけとなって神社本庁を離脱し、その後、事件が起こっています。

このように、神社本庁は非常に揺らいでおり、このままだと式年遷宮ができるのかと不安視せざるを得ません。

――伊勢神宮の式年遷宮が国によるものではなく、自前で行われていたとは……。

前川　式年遷宮は宗教行事ですから国では行えません。文化財保護法によって、文化財の保護ならできますが。

島田　式年遷宮は社殿が一新されますから、とても文化財にはなりません。しかも、式年遷宮の費用は年々高くなってきています。前回2013（平成25）年のときは550億円かかりました。その前の1993（平成5）年は330億円です。

伊勢神宮では1923（大正12）年から、将来の式年遷宮のために檜《ひのき》を育成していますが、２００年経たないと資材として使うことができません。しかし、まだ１００年しか経っていません。次回２０３３（令和15）年の式年遷宮の際には、８００億円くらいの費用がかかるでしょう。この費用をどうやって負担するのか。神社本庁がこのような状況ですから、自前で負担することができるかどうか……。

まだ次の式年遷宮の具体的な準備は始まっていませんが、その段階になったら、いろいろと問題が起こるのではないかと思われます。

安倍政権下で強まった憲法改正、戦前回帰の志向

島田　神道政治連盟国会議員懇談会には憲法改正に参同し、戦前回帰のイデオロギーを持つ議員が集まっているのは事実かもしれません。その中心にいたのが安倍さんですから、安倍政権ではどうしてもそういう志向が強くなりました。しかし、安倍さんが亡くなったことで、この理念を体現する政治家は当分現れないだろうし、もしかしたら未来永劫現れないかもしれません。かなり状況は変わってきました。

前川　安倍さんは、教育にはとても関心を持っていました。教育基本法を改正したのも第

一次安倍政権のときです。

1997（平成9）年は、教育が右傾化する分水嶺的な年でした。元をたどると従軍慰安婦問題で、1991（平成3）年に元従軍慰安婦が実名を出して日本政府を訴えました。そこから、日韓の外交問題になり、1993（平成5）年に宮澤内閣の官房長官だった河野洋平さんが「河野談話」を出した。総じて、女性たちが強制的に働かされたということをお詫びして、反省をして、この問題は歴史研究と歴史教育を通して、次の世代に引き継いでいく。こういう約束をしました。

それがきっかけとなって、中学校の歴史教科書に従軍慰安婦の記述が載るようになりました。それが世の中に出たのが1997年です。それに対して大反発したのが、自民党のタカ派の人たち、保守系の知識人・学者です。学者では西尾幹二さんたち。「新しい歴史教科書をつくる会」ができたのも1997年で、西尾さんや藤岡信勝さん、小林よしのりさんなどが名を連ねています。その後、2001（平成13）年に「つくる会」の教科書ができあがります。

同じく1997年には、自民党のタカ派グループの若手が集まった議員連盟ができました。教科書議連と略していますが、正式名称は「日本の前途と歴史教育を考える若手議員の会」。最初の会長が中川昭一さん、最初の事務局長が安倍晋三さんです。

教科書議連は、従軍慰安婦の問題を教科書に書くのはけしからんと、活動を始めました。そういう教科書は使うなといってバッシングをして、最初はほとんどの教科書が従軍慰安婦について記述していましたが、次の検定のときにはかなり減りました。一生懸命、従軍慰安婦のことを書いていたのは、日本書籍の教科書だけです。

安倍さんが中心となって教育基本法を改正しましたし、道徳の教科化も行いました。かつての修身の復活です。道徳を教科化したことで、検定教科書を使わなければならなくなりました。検定教科書を読むと、自己抑制、自己否定、自己犠牲を美徳として褒めたたえ、個を捨てて全体のために尽くすのがいいことだというように、一つの方向に子どもたちの価値観を誘導するものが多い。それに、教育勅語[注30]の復活も目指しています。

教育勅語の復活を目指そうとする動き

前川　教育勅語の復活については苦い思い出があります。NHK出身で、みんなの党から出馬して自民党に鞍替えした参議院議員の和田政宗さんが、2014（平成26）年4月8日の参議院文教科学委員会で、「教育勅語を学校の教材として使うことは差し支えないと思うが、文科省の見解を問う」という趣旨の質問をしたのです。

答弁者は初等中等教育局長でしたが、まさに当時の局長が私でした。このとき、最初に作った答弁は「教育勅語は衆議院、参議院で決議が行われていて、排除宣言と失効確認が行われている。学校の教材として使うことも不適切だ」という趣旨で、従来の答弁を踏襲するものでした。

国会の各委員会での質問は通常、前日夜に役所の職員が質問する議員のもとに出向いて質問内容を聞き取るとともに、質問者の意向を踏まえて答弁者を大臣、副大臣、局長などと決めます。そして質問当日の早朝に、大臣レクで大臣答弁について説明が行われます。

その日も大臣室で、前夜のうちに作成した大臣答弁を各局長が下村文科大臣に説明しました。局長の答弁は普通、大臣には見せないのですが、このときは下村大臣が「教育勅語に関する局長答弁はどうなっているか見せろ」と言われたのです。

そこで、局長答弁を見せたところ、「これではダメだから書き直せ」と言います。口述筆記のように書き直せと言われたのが元の答弁とは全然違う内容で、「教育勅語のなかには、今日でも通用する普遍的内容が含まれており、その内容に着目して学校の教材として使うことは差し支えない」というものでした。困ったことになったと思いました。

実際に答弁する段階になったら、「これは違うだろう。この通りに答弁してはならない」という「内心の警鐘」のようなものを感じました。下村さんから書き直しを指示された部分は、木に竹を接いだような内容だったので、「教育勅語のなかには今日でも通用するような内容も含まれておりまして、これらの点に着目して学校で活用するということは考えられるというふうに考えております」と、かなり言葉を濁してあいまいな答弁を行いました。

すると、私の答弁では不十分だと思ったのでしょうか、下村さん自らが答弁に立ち、「教育勅語のなかには、今日でも通用する普遍的内容が含まれており、その内容に着目して学校の教材として使うことに差し支えない」と答弁したのです。

この答弁が元になって、２０１７（平成29）年3月には、民進党（当時）から質問主意書（政府に対する質問の文書）が出されました。質問主意書に対しては、閣議決定をして答弁することになっています。

このときの閣議決定では、下村さんの国会での答弁を再確認するように「憲法、教育基本法に反しない範囲で、教育勅語を教材として使うことはできる」としています。もともと、憲法、教育基本法に反するから使えないと言っていたのに、反しない限り使えると答弁しているのです。これはある意味、解釈改憲のようなものだと言えます。

下村さんが言いたいのは、教育勅語のなかの「夫婦相和し云々」といった内容は普遍的だということですが、これは戦前の夫婦の話であり、夫と妻は対等ではありません。

あるいは「兄弟に友に」とありますが、家督相続する権利を持っている長男とその他の兄弟には差別があります。

このように、日本国憲法のもとでは、普遍性を持たないものです。個人の尊厳という考え方にはそぐわないし、国民主権にもそぐわないので、基本的に普遍性を持っていないと思います。「皇祖皇宗《こうそこうそう》」や「天壌無窮《てんじょうむきゅう》」など、神話の世界の話も出てくるわけで、とてもではありませんが、今の学校では使うことができないでしょう。

歴史を学ぶうえで、「明治政府がこういうものを作って、国民の心を一つにまとめていった。日本は神の国だと信じ込まされた。その元になっているのが教育勅語だ」という説明のための史料として使うならいいですが、それを「ありがたいものであり、この道徳を実践せよ」という意味で使うのはあり得ないことです。

「教育勅語を学校の教材として使える」といった答弁をさせられたことは、私にとって痛恨の極みでした。

島田　教育勅語を復活させようというような、戦前回帰の傾向に同調する政治家は多いのではないでしょうか。

前川　教育勅語の復活を肯定する発言は、下村さんの答弁以降も続きました。

２０１８（平成30）３月８日、参議院予算委員会で教育勅語に対する考えを訊かれた当時の稲田朋美防衛大臣は、次のような答弁をしました。

「私は、今、教育勅語に対しての自分の考えは、その教育勅語の精神ですね、日本が道義国家を目指すという、その精神は今も取り戻すべきだというふうに考えております」

同年10月29日、自民党副幹事長だった稲田さんは衆議院本会議での代表質問で、日本の民主主義が聖徳太子の「和を以て貴しとなす」以来の「わが国古来の伝統」だとする珍説を開陳し、マイノリティー、社会の多様性、人権などに言及した際には、これらを「世界から尊敬される『道義大国』を目指すため」取り組むべき課題だと発言しました。

また、同年10月に発足した安倍改造内閣の文部科学大臣に就任した柴山昌彦さんは、就任時の記者会見において、「教育勅語には普遍性を持っている部分があり、現代風に解釈したりアレンジしたりすれば、道徳に使うことのできる分野がある」という趣旨の発言をしています。

１９４６（昭和21）年１月、昭和天皇は「人間宣言」を行い、同年11月に公布された日本国憲法は、天皇を日本国と日本国民統合の「象徴」としました。教育勅語の神話国家観は完全に否定されたということです。主権は天皇から国民に移り、教育勅語に代えて新憲法下の教育の理念を示す法律として、1947（昭和22）年3月に教育基本法が制定されました。

こうした経緯を受けて、1948（昭和23）年6月、衆議院は教育勅語を憲法に反する文書として排除することを決議し、参議院は教育基本法の制定により教育勅語が失効したことを確認する決議を行いました。

教育勅語に列挙されている徳目は、天皇主権の国家と封建的な家制度を前提としたものであって、「父母ニ孝ニ」は家長である父親への服従を前提としたものであり、「兄弟（けいてい）ニ友（ゆう）ニ」は長男だけが家督相続者であることを前提とするものであり、「夫婦相和シ」は妻の夫への従属を前提とするものであり、「國憲ヲ重シ（おもんじ）」は天皇が定めた憲法に国民が従うことを前提としたものです。いずれも日本国憲法の精神に反する道徳であり、今日でも通用する普遍性を持つものとはとうてい言えません。

徳目列挙の最後に出てくる「一旦緩急アレハ義勇公ニ奉シ以テ天壌無窮ノ皇運ヲ扶翼スヘシ」のくだりは、「戦争になったら忠義と勇気をもって天皇のために身を捧げ、永遠に続くべき皇室の命運をお支えしろ」という意味であり、個人の尊厳、国民主権、平和主義に基づく日本国憲法のもとでは、完全に否定されるべき内容です。

このような教育勅語を現代に再生させようとすることなど、正気の沙汰とは思えない愚かな考えであるのは言うまでもありません。

宗教的なバックボーンがないと道徳を教えるのは難しい

島田　教育現場では、「教育勅語は学校の教材として使える」という答弁、閣議決定が行われた影響があったんですか？

前川　少なくとも、国公立の学校では今のところ影響はありません。私立の学校ではあると思いますが。

島田　道徳の話と言えば、娘が小学生のときに道徳の授業参観に行ったことがあります。道徳の時間にいったいどんな授業をするのかと思って見ていたら、先生が教科として取り上げたのが、大リーグのシアトル・マリナーズのピッチャーだった岩隈久志さんの『絆《きずな》─冬は必ず春となる』という本でした。

それで、「この先生は創価学会の会員なんだ」とわかりました。岩隈さんは、創価学会の会員です。「冬は必ず春となる」というのは日蓮の言葉で、日蓮宗のお坊さんもよく年賀状などで使っています。

このとき実感したのが、「こういった信仰がないと、道徳は教えにくいんだろうなあ」ということでした。

バックボーンになるものがないと、道徳を教えるのは難しい。そうなると、どうしても教育勅語に戻ってくる人が多くなる。それも戦後になって、教育勅語に代わるものが生まれなかったことが問題なのではないでしょうか。道徳を教えるときに、基盤になる宗教的な何かがないと、教師もどうやっていいかわからない。

前川　私の祖父はそれを仏教に求めて、浄土真宗と臨済宗、タイプの違う仏教に新しいものを求めたのだと思います（第五章を参照）。

島田　豊田佐吉もそうですし、松下幸之助もそうですが、著名な実業家にも信仰的なものがあって、それが事業に結びついていく。そういうものがないと、確固とした信念にもとづいて事業を営むことは難しいですし、道徳を考えるなどということは、とうていできなくなります。何かに頼らないといけないので、教育勅語を持ってくるわけです。ただ、教育勅語は日本のものといっても、忠と孝は中国じゃないですか。

前川　元田永孚《もとだながざね》（熊本藩士、儒学者）の名で出されたものが中心になって、井上毅《こわし》とくっついて作ったのが教育勅語です。もともと「教学聖旨」（明治天皇の名で出された教育方針）を作ったのが元田永孚で、行き過ぎた西洋化を批判しました。「もっと日本古来のものを大事にしろ」と説いたわけですが、日本古来と言ったって皮を剝いていけば……。

島田　「令和」という元号についても、その出典は万葉集ということになっていますが、もとになっているのは中国文化であり、漢詩です。いくら日本の古典をひもといて元号を作ろうとしても、中国の影響を排除することはできません。

　しかし、それに一生懸命になったのが安倍政権です。結局は無理であることが露呈しました。日本の精神的な原点に戻ろうとするのが江戸時代の国学の主張ですが、中国文化をどんなに排除しようとしても、日本文化はさまざまな形で中国の影響を受けているので、どうしても不可能な試みになってしまいます。

前川　令和の「令」は、令嬢や令室の令で、美しいという意味があります。「和」は調和という意味だとされ、外務省の翻訳では「ビューティフルハーモニー」という意味だと各国に説明したようですが、私は日本という意味だと思います。つまり、「美しい国日本」という意味です。令和という元号は、実質的に安倍さんが選んだのではないでしょうか。実に安倍さんらしいと思います。

第五章

日本人は宗教への関心、理解を深める必要がある

祖父・父の影響で仏教に関心を抱いた前川氏

――日本人の宗教に対するスタンスのあり方について考えていきたいと思います。前川さん、島田さんは、それぞれどのように宗教と触れてきたのでしょうか？

前川　私は気弱になると、「極楽浄土には阿弥陀様がいる」と信じたくなることがあります（笑）。実は学生時代に、東京大学仏教青年会に入っていました。

島田　なぜ入ったんですか？

前川　もともと仏教に関心がありました。祖父や父の影響でしょうね。
祖父の前川喜作は、早稲田大学で機械工学を勉強して、冷凍機を作る会社を創業しました（前川商店、現在の前川製作所）。冷凍機を作ったのですが、当初は冷凍機を売るのではなく、冷凍機で作った氷を売って何とか商売をしていたんです。
戦後になり、祖父は「自信を失った日本国民を立ち直らせるのは仏教だ」と考えて、和敬会という宗教法人を作りました。のちの和敬塾の前身です。和敬会という名前は、聖徳太子の十七条憲法第一条「和を以て貴しとなす」「篤く三宝を敬え」から採ったものです。したがって、祖父の考えの根本には、聖徳太子信仰があるのかもしれません。

臨済宗と浄土真宗のお坊さんを2人連れてきて、渋谷に和敬精舎という建物を作って、人を集めて講話をするといったことをしていました。父（前川昭一）は若いころ渋谷の街頭に立って、「和敬精舎へ来たれ」と演説をしていたんです。

しかし、宗教活動をしてもなかなか人が集まらず、宗教法人のままではダメだということで、若者を集めて人間形成をしようと学生寮（和敬塾）を作りました。戦時中に軍需工場で儲けたお金で、東京都文京区目白台の細川さんのお屋敷（細川侯爵邸）の一部を買って、学生寮を建て、若者を集めて人間形成をするということです。

和敬塾の出身者には、経済界をはじめ各界で活躍されている方が数多くいらっしゃいます。作家の村上春樹さんもその一人です（大学1年生途中で退寮）。

父は、釈大道さんという臨済宗の師家について和敬精舎で座禅修行をしていた。そんな話や、お釈迦様は偉い人だという話を小さいころから聞かされていました。

父は早稲田大学の仏教青年会に入っており、私も東大に受かったら仏教青年会に入ろうと思っていました。実際に東大の仏教青年会に入ってみたら、1年生は私一人しかいませんでした。先輩も2～4年生が一人ずつしかおらず、細々と活動している状態でした。

ただ、東大の仏教青年会は単なるサークルではなく財団法人で、けっこうお金を持っていました。本郷三丁目駅の向かい側に日本信販のビルがありますが、その土地は東大仏教青年会のもので毎年、日本信販から地代が入ってきます。ビルの7階フロアの半分くらいは、東大仏教青年会の事務所になっています。

理事や役員には、東大のインド哲学科の先生たちが就いています。言ってみれば、インド哲学科の先生たちの活動費、研究費を調達することができる資金源だということです。学生たちにも資金のおこぼれが来て、それを研修旅行の資金などに充てていました。

先ほども触れたように、所属している学生がほとんどいないので、私は細々と読書会をやって、原始仏教の現代語訳の本などを読んでいました。

早稲田大学の仏教青年会にはけっこう学生がいて、私は早稲田の仏教青年会と仲良くしていたというか、入り浸っていました。慶應大学にも仏教青年会があって、3大学合同で交流会を開くために韓国に行ったことがあります。あれは1974（昭和49）、5年ごろのことです。韓国は仏教よりもキリスト教の勢力が強く、お寺は街中ではなく山のなかにありました。

島田　一度、私は東大の仏教青年会で講演したことがあります。「師」というテーマでした。ところで、韓国は儒教の国で、朝鮮王朝のときに仏教を弾圧しています。それによって、仏教は山のほうに追いやられました。

戦後、高度経済成長が起こったときに、キリスト教の信者が一気に増えました。日本で創価学会の会員が一気に増えたのと同じで、産業構造が変わって、韓国でも都市化でソウルに出てきた人たちをターゲットに、キリスト教が広まったのです。

前川　韓国では、東国大学校という仏教系の大学の学生と交流会を行いました。英語と漢字の筆談で、仏教系だから漢字はけっこう知っていて。日本側の学生はそれぞれ一つずつテーマを持って、研究発表を行いました。

私がレポートしたのは、「創価学会が、なぜこれだけ大きくなったのか?」。高度成長と都市化のなかで、地縁のあった場所から離れて都会で暮らす人が増え、そういう人たちが加わっていったという話です。

2年くらい、まったく法学部の勉強をしない時期があって、6年かけて大学を卒業しました。司法試験や国家公務員試験を受けるために意図的に留年したのではなく、本当に単位が取れなくて、「法学部に来るんじゃなかった」と思いました（笑）。

特に何も志望はなく、あえて言えば、お釈迦様みたいになりたかったんです。

これは何を言いたいかというと、私は本物の宗教があると思っていました。ファジーなグレーゾーンがあって、偽者の宗教はたくさんありますが、本物と偽者の境目があるはずだ、カルトと宗教を一緒にするな、と。「これ以上、素晴らしい人はいない」というマザー・テレサのような人もいる。

以前、文科省の宗務課のメンバーと、「やっぱり、宗教には本物と偽者があるんじゃないか」という議論をしたことがありますが、私以外は誰もそう思っていませんでした。

本物の宗教はなく、すべてペテン、人を騙すだけだと言います。「キリストが復活するわけがないじゃないですか」と言ったりするのです。

島田氏が宗教学に進んだ経緯

――島田先生が宗教学に進んだのは、どうしてですか?

島田　私たちは学生運動の世代で、それが影響しています。それと、私は子どものころ杉並区の和田というところに住んでいて、近くに立正佼成会の本部がありました。大聖堂ができていくのを見ながら、小学校生活を送っていたんです。なかなか建物ができず、「何だこれは？」と思っていましたが、完成したら（１９６４年竣工）、全国から立正佼成会の会員が大量に団体でやってくる。そういう光景を目撃していました。

当時は創価学会と立正佼成会が争っていて、学校にも両方の信者がいました。だから創価学会と立正佼成会が対立しているということは、小学生ながらに何となくわかっていました。そういうものが宗教なんだ、というところから始まっています。

私は都立西高校出身ですが、そのころから宗教学をやろうとしていたかどうかは、自分のなかでもよくわかりません。大学に入ったときに柳川啓一という先生がいて、この人の授業を受けて宗教学をやろうと思い、宗教学科に入りました。

普通、宗教学科には学生が２、３人しか来ないのですが、私たちの代は16、17人入りました。そのなかには、のちに創価学会の副会長になる萩本直樹君もいました。彼はあまり学科には来ていませんでしたが同級生です。

宗教への関心が強かったというわけではなく、宗教学という学問が面白かったんです。宗教学科に入ると、その年の５月に研究室で旅行に行きました。そのときの行先は奈良の天理教です。なぜ天理教に行ったかというと、柳川先生が野球好きで、もともと尼崎の出身だったこともあって、大の阪神タイガースファンなんです。それで、天理大学の宗教学科と野球をするために行ったわけです。

そのとき初めて天理市に行きましたが、「これは何だ！」と驚かされました。当時はまだ東京でも高層ビルがそれほど建ってはいませんでしたが、天理市には7、8階建ての建物がたくさんありました。真ん中に教会本部があって、そこで「悪しきを祓って云々」と相当な数の信者たちが一斉にやっているのを見て、度肝を抜かれました。

しかも、天理教はご馳走してくれるんです。すき焼きが出ました。肉は食べ切れないだけある。そういう接待を受けたので、よけいに宗教は「すごい」と思いました。

そういう体験を経て、大学4年生のときにヤマギシ会[注31]に出会い、そこのメンバーになって、そのまま大学を卒業しました。しかし、ヤマギシ会での生活が嫌になって大学院に戻ることになりました。

修士課程に2年いて、博士課程は5年で満期退学し、その後、日本学術振興会からお金を半年間もらって、そのときにたまたま放送教育開発センター（のちのメディア教育開発センター。その後に廃止）の助手のポストがあって就職しました。そこに5年半いて、助教授になりました。文部省の研究機関ですから、その関連の仕事もやっていて、一般教育のアメリカとの比較のプロジェクトに加わったりしました。所長が天城《あまぎ》勲《いさお》さんだったんです。民主教育協会のプロジェクトに関わって、アメリカに調査に行ったりする仕事もしていました。

前川　天城さんは、古い文部官僚には珍しい国際派です。

島田　非常に柔軟な人でした。

前川　天城さんは、本当に尊敬できる大先輩。戦後、民主化されたときの文部省の雰囲気をまだ持っている人です。

島田　文部省への天城さんの影響は大きかったのでは？

前川　天城さんは、もともと朝鮮総督府にいたのかな。戦後、文部省に入ったのですが、当時の幹部たちはパージされていなくなっているから、若いのにトントン拍子に出世しました。文部省に30年くらいいて、そのうち20年は局長級の役職にありました。１９７１（昭和46）年の中教審（中央教育審議会）の答申（46答申[注32]）は有名ですけど、これは１９８０年代の臨時教育審議会[注33]（臨教審）の答申の下敷きになったと言われており、それをまとめたときの事務次官だった。

国際派で、ユネスコやＯＥＣＤ（経済協力開発機構）にもしょっちゅう出かけていた。私は３年間、ユネスコの代表部の一等書記官をやっていましたが、そのときも天城さんは頻繁にパリに来ていました。一緒にニースの国際会議にも出席しました。文部省の役人のなかでは、かなりリベラルで学者肌の方でした。


島田　私を呼んでくれたのが阿部美哉《よしや》という人で、宗教学の出身ですが遠隔教育や放送教育関係の仕事をやっていて、文科省では天城さんの部下のような感じでした。天城さんがいたので阿部さんは放送教育開発センターに行き、その助手のポストが空いたので私が行くことになりました。阿部さんのもとで働き、３年半くらいかなり仕事をしました。

その後、社会学者の加藤秀俊さんが放送教育開発センターの所長になりました（１９８８～１９９６年）。加藤さんと阿部さんの仲が悪かったため、私も仕事を奪われて２年間の窓際生活を送ることになります。その後、１９９０（平成２）年に日本女子大学に行き、助教授から教授に昇格しました。

しかし、オウム真理教の事件が起こってバッシングを受けて辞めざるを得なくなり、１９９５（平成７）年11月に退職したのです。

宗教に対して否定的な傾向が強い教育界

島田　文科省の官僚の方々は、宗教に対して否定的なわけですよね。

前川　私の同僚や部下たちの多くは、宗教はもともとインチキで、まともな人なら信じないものを信じているのが宗教なんだという感覚を持っています。私が宗務課長だったときは仏教であれ、キリスト教であれ、新宗教であれ、宗務課のメンバーに本物の信仰を持っている人間はいなかったと思います。

私は特定の宗派に属しているわけではありませんが、学生時代に仏教青年会に所属しており、文化、哲学として仏教に親近感を持っているので、諸行無常というのはまさにその通りだと思っています。

宗教に対して一定の尊敬の念を持っていて、尊重すべきものだというのが私の考えですが、宗務課の部下たちにはまるでその考えがありませんでした。私は真っ当な宗教とインチキな宗教があると考えていましたが、宗教というのはどれもありもしないことを信じさせるもので、五十歩百歩だから線は引けないというのが彼らの言い分でした。

島田　そこが問題ですよね。宗教に対する理解がないまま、行政に携わっているわけですから。

前川　そう言わざるを得ません。私は理解しているつもりですが。

島田　文科省がそうであり、文科省とある意味、対立していた日教組や共産党も同じ。両者がそういう考え方を持っているということになると、教育の世界が無宗教化するというか、むしろ宗教否定の傾向が強いと言えます。

前川　確かに、国公立の学校ではそうですよね。宗教について教えることをほとんどしていないと思います。教育基本法にも宗教教育の条文があって、これは２００６（平成18）年の改正のあとも基本的にはあまり変わっていませんが、宗教に対する理解は大事だと書いてあります。一方で政教分離の原則は教育にも及び、特定の宗教についての教育はしてはいけない。ただし、これは国公立の学校だけであって、私立はいいとなっています。

保守派の政治家、たとえば奥野誠亮《せいすけ》さんなどに呼ばれて、「もっと宗教教育をすべきだ」

と言われたことはあります。奥野さんなどは、神道をもっと教えるべきだという思いがあったのではないでしょうか。

日本史の授業では宗教が軽視されている

島田　私たちは、学校で日本史と世界史を勉強します。日本史も世界史も歴史であり、扱われる事象は異なりますが、内容に根本的な違いはないはずです。

しかし、実際には日本史と世界史には大きな違いがあります。世界史では宗教が重要であることが強調されるのですが、日本史では歴史の本筋に関わるところで宗教には触れられません。文化史では触れるけれども、宗教の意義が日本史のなかでどれだけのものかは全然言及されていないのです。その一方で世界史になると、宗教が重要なものとして浮上してくるという、非常に矛盾した状況が生まれています。大学入学試験の日本史の問題においても、宗教に関する事項が問われることはほとんどありません。「なぜ、日本史でそれだけ宗教が軽視されるのか」と不思議に思います。

考えるに、共産党系の学者が、歴史学を牛耳ってきたせいなのかもしれません。文科省の側もそうだとすると、もっと根が深い問題です。そういうことに気がつかないまま、我々は日々を過ごしているのです。

世界史と日本史で宗教の扱いが違うと意識している人は、あまりいないと思います。日本で宗教教育をやろうと考えた人がいたとしても、現実的には無理ですね。先生のなかに宗教に対する理解がないんですから。文科省にもない。

日本人には宗教観の基盤になるものがないし、基盤を作るべきところが、全然作っていません。だから、たとえ教育勅語を復活させようとしても無理でしょう。でも、今の政治家は、わりとそういうところにこだわっている人が多いんですよね。

前川　けっこういるんですよ。どこまで本気なのかわかりませんが、非常に戦前回帰のような、戦前に戻るような傾向に同調する政治の動きはあると思います。

島田　長い官僚生活のなかで、そういう変化を感じたことはありますか？　今から振り返ってみるとそうかな、といったような……。

前川　かつては、「教育勅語を再評価すべきだ」などと文科大臣が口にしたとたん、罷免すべきだという声が聞かれたものです。ところが最近は、それが出てこなくなりました。

メディアも変わったと思います。

以前は、新任の文科大臣が就任の記者会見をすると、「日教組（日本教職員組合）との関係をどうしますか?」「教育勅語についてどう考えますか?」などと質問が飛んできて、間違った答えをしようものなら、すぐ叩かれる。「教育勅語にもいいことが書いてある」と言ったとたんに、この人は不適格だといった叩かれ方をしました。今は、それがなくなったんです。

島田　日教組に対しては、どういう答えが正しいのでしょう?

前川　日教組に対しては、昔は「是々非々だ」というような姿勢でした。必ずしも敵対するのではなく、必要に応じて会いますよと。自民党の文部大臣、文科大臣のなかにも、日教組に会う人と会わない人がいました。それは55年体制のなかでも、大臣によって違っていて、どちらの答えもあり得たんです。

教育勅語については、これまでは肯定する答えがあり得ませんでした。それが許容されるようになったのは、第一次安倍政権のころからでしょうか。15年くらいの間に、だんだんと変わってきたと思います。

島田　安倍政権になってから、自民党内の雰囲気が変わったということですか？

前川　そう思います。今、自民党は完全に改憲政党になっています。かつては、護憲派の人たちがたくさんいました。かなり変わったと思います。

島田　それだけ、安倍さんの影響が大きかったということでしょうね。

前川　国会議員のなかには、安倍チルドレンと呼ばれる人たちがたくさんいます。（安倍さんが亡くなって）支柱を失ったという感じでしょうね。

島田　政治史学者の御厨貴さんは、代々の首相で誰が一番興味深いかと言えば、岸さんだと言っていました。岸さん、安倍さんのような有力な首相は、世の中を変える力を持っていました。安倍さんは、言語能力が高かったという気がします。

前川　本当かどうかわかりませんが、父親の安倍晋太郎さんが「こいつ（安倍晋三さん）

は、言い訳をさせたら天才的だ」と言っていたと聞きました。

島田　安倍さんが政権に返り咲いたとき、あるテレビ局のパーティーにサプライズで顔を出し、演説したのを目の前で聞いたことがあります。「この人は話がうまいな」と思いました。言葉を持っている政治家は、圧倒的に強いですね。

前川　言葉は大事です。菅前首相は、全然言葉がありませんでした。

島田　ポスト安倍ということで言えば、岸田首相が国葬に踏み切ったのは、当初は当然の決断でした。即断することが、他の人たちを引き離す大きな力になるわけです。葬儀を取り仕切るのは、日本の社会では権力を持つために不可欠の手段ですし、外交などにも結びつきます。

前川　跡目は自分だというアピールでしょう。

島田　岸田さんとしては、あのタイミングを逃すわけにはいかなかった。

儀式に関しては私の研究対象なので、個人的には国葬をしてほしいと思っていました。自分が生きている間に二度とめぐってこないでしょうから（詳しくは第六章を参照）。

前川　私は、（安倍さんを）美化して、英雄視するのは問題があったと思います。

島田　葬儀後は安倍さんを靖国神社に祀ればいいと私は言っています。安倍さんが靖国神社に祀られることはふさわしいし、それによって靖国神社のイメージを変えることもできる。今後を考えると、必要ではないでしょうか。

第六章

安倍元首相国葬と旧統一教会に対する解散命令請求

時期の判断を誤った安倍元首相の国葬

島田　２０２２（令和４）年９月27日に日本武道館で行われた安倍元首相の国葬について、一番印象に残ったのは、それが吉田茂元首相の国葬とそっくりだったということです。吉田茂の国葬はフィルムが残っていて、ＹｏｕＴｕｂｅにダイジェスト版が上がっています。それを見ると、武道館の前で首相が出迎えて、そこに車が入ってくる。吉田茂の場合は車が右から入ってきて、今回は左からという違いだけです。出迎えの光景はほとんど同じです。

吉田茂の場合は長男の健一さん（文芸評論家の吉田健一氏）が遺骨を持ってきました。今回は昭恵夫人。それ以外、入場の仕方や始まり方もそっくりで真似ただけでした。

前川　前例は吉田茂さんの国葬しかないので、前例に倣えば間違いないだろうということでやったのでしょう。

島田　あまりにも踏襲しすぎていて、現代というものをあまり意識していないと感じました。たまたま直前（9月19日）にイギリスのエリザベス女王の国葬がありましたね。女王自体がイギリス国教会のトップですから、ウエストミンスター寺院で英国国教会式の国葬が行われました。

そこで印象に残ったのは、トラス首相（当時）が説教壇で新約聖書のヨハネによる福音書の一節を朗読したことです。首相がそのようなときに聖書を朗読するというのは、日本では考えられません。吉田国葬も安倍国葬も無宗教で行われたので、受ける印象が違いました。そこに日本とイギリスにおける宗教のあり方、政治と宗教の関わりの違いが一番よく示されていたのではないでしょうか。研究者の観点からすると、いろいろなことを示唆してくれた国葬だったと思います。

——しかも、安倍さんの国葬は国民からの支持を得られなかった……。

前川　統一教会と安倍氏との関係が明らかになってきたことが影響したのでしょう。

島田　岸田さんは、国葬を決めるまでのプロセスが非常に拙速で、しかも根回しをまったくしていませんでした。吉田さんの国葬は、根回しをして各党に意向を聞き、そのうえで共産党だけが反対したのです。

今回は閣議決定だけで押し通してしまいました。ところが、決断が早かったにもかかわらず、国葬を行う時期が死去から80日も経ってしまった。従来の国葬は葬儀そのものでした。火葬や埋葬しなければならないので、そんなに間を置くことができません。

吉田さんの場合はすでに火葬されていて、骨葬（東北を中心に北海道南部、北関東などで最初に火葬して葬儀は遺骨で行うという考え方）でした。それでも、国葬が行われたのは亡くなって11日後です。エリザベス女王の国葬も、亡くなって11日後でした。死去後80日も経ってしまうと、その間に何が起こるかわからないし、死者を悼むという意味ではあまりにも間が空きすぎです。そのあたりが誤算を生んだのではないかと思います。

戦前では、伊藤博文がハルビンで暗殺されて国葬になりますが、吉田元首相やエリザベス女王とだいたい同じくらいの間隔で国葬が行われました。亡くなって10日くらいまでにやらないと、国葬には問題が起こるということではないでしょうか。

前川　私はもともと国葬には反対で、そもそも国民こぞって弔うといった気分にはならない。よく言われているように、思想良心の自由に触れる、国民主権の原理に触れるということがありますが、そもそも閣議決定で決めた国葬です。閣議決定は、内閣に属している国家公務員のみが縛られるもので、それにもとづいて国葬はできないという話です。

それにしても、なぜ安倍さんを国葬にするのか。それほどの功績はあるだろうか。もちろん功績がまったくないわけではなく、私の専門の教育行政で言えば、第二次安倍政権のときに給付型奨学金ができた。これは前進です。安倍さんの任期中に日本中に夜間中学を作ろうという議論も起こりました……が、これは安倍さんがリードしたわけではありません。一生懸命に探しても、功績はこれくらいです。

功罪の「功」に対して、「罪」はたくさんありました。政治を私物化するし、うそはつくし、外交でも経済でもろくな功績はありません。どんどん戦争できる国づくりをしてしまったし、国葬に値する人ではなかったと思います。

吉田茂が亡くなったのは、首相を辞めてから四半世紀が経ってからでした。しかし安倍さんは辞めて2年ほどしか経っていないので、生々しい安倍政治の記憶が残っています。亡くなって20年も経てば一定の評価が定まってきて、吉田内閣のころに反対していた人たちも、〝仏様〟という気持ちになるかもしれません。当時の社会党が国葬に反対しなかったのは、20年以上経っていたからではないでしょうか。

安倍さんは生々しい、現職の国会議員のときに亡くなったわけで、そういう時期に国葬をするのが無理だった気がします。

無宗教と言いながら安倍国葬は国家神道そのもの

前川　イギリスの場合は政教分離ではなく、その反対に国教会の教育をしなさいという法律すらある。日本の場合は、宗教に対する理解は大事だと言っていますが、特定の宗教のための宗教教育をしてはいけないということになっています。イギリスでは、教わりたくない人は教わらなくていい。政教分離と信教の自由がストレートに結びつくものではないのです。

日本の場合、戦前は神道は宗教にあらずという考え方で、信教の自由はあると言っていたが、国家神道は信じなければいけなかった。なぜなら、天皇は神様の子孫だから。それが戦後に分離されて、神道も宗教とみなされた。折に触れて国家神道を復活させようという動きがある。

私が安倍元首相の国葬の様子を報道で見て「何だこれは?」と思ったのが、自衛隊の音楽隊が演奏した曲です。黙禱の際に演奏したのが「国の鎮め」。これは明治時代に作られた軍歌ですが、その歌詞にある「国の鎮めの御社《みやしろ》」とは靖国神社のことです。靖国神社体制を歌った曲を黙禱の際に流しているのは、国家神道そのものではないかという印象を抱きました。

天皇陛下の御使いが拝礼している際に演奏した曲は、「悠遠なる皇御国《すめらみくに》」という曲です。皇御国とは皇国、天皇の治める国という意味で、新憲法下ではあり得ない言葉です。悠遠という言葉は戦前、戦中にどういう意味で使われていたかというと、神代からつながってくる皇統の古さを表していました。

しかも、この曲が作られたのは戦前ではなくごく最近のことで、初演は２０１９（令和元）年です（令和の改元奉祝曲として陸上自衛隊の音楽隊員が作曲）。

島田　自衛隊は日ごろから、こういう曲を演奏しているということですか？

前川　そうだと思います。インターネットで自衛隊の音楽祭の画像を見ると演奏しています。「軍艦マーチ」なども普通に演奏しています。昔の軍歌のなかでも、今でも演奏しているものと「さすがにこれは」と遠慮しているものがあり、太平洋戦争開戦のときの曲などはやらないようです。

しかし、新たに「悠遠なる皇御国」のような曲を作っているわけで、さすがに自衛隊はヤバいのではないか。帝国陸海軍に近づいているのではないかという気がして、恐ろしくなりました。国葬は無宗教形式だとされていますが、自衛隊の演奏している曲から国家神道のにおいがプンプンします。せめて、誰もが納得するようなベートーヴェンの「英雄」の第2楽章などなら……。

島田　国の儀式の場合、終戦記念日もそうですが、天皇が関わることによって、儀式のあり方が慰霊ということとともに、一方では国民が天皇を崇敬するという方向にどうしても行ってしまうわけです。

終戦記念日に戦没者の慰霊ということで、壇上に天皇・皇后がいると、そちらが中心になってしまう。現在の天皇はそれに抵抗して、国旗掲揚のときに向こうを向くという新しい試みをこの前なさっていました。それは明らかに、そういう流れに対する天皇側からの抵抗だと思います。

今回の国葬でも、皇族の扱い方が非常に大きい。天皇皇后、上皇上皇后の勅使が最後に入場してまず拝礼し、退場するというやり方をとるわけで、安倍さんの国葬であるとともに、天皇崇拝を具現化する儀式のやり方にどうしてもなってしまっている。

それが今回の楽曲のようなものと結びついてくると、国家神道の復活といった批判を浴びることになります。

前川　わざわざ勅使拝礼のときに、「悠遠なる皇御国」はないですね。昭和天皇の人間宣言にまで遡らないといけない。

島田　逆に言うと、安倍さんの意識のなかでは、そういうものの復活を考えていたということになります。

――安倍さんのそういう志向も忖度して、曲を選んだということでしょうか？　全体として安倍色が強い方向に持っていく、というような。

島田　そうかもしれません。そういう意味では、前川さんがおっしゃるように宗教的な性格が色濃い。

遺骨をのせた車が日本武道館に行く途中、防衛省の前を通りました。これは遺族の希望だそうです。しかし、昭恵夫人が希望したとは思えないので、岸・安倍家が望んだことではないかと思います。

全体のシナリオが安倍元首相や安倍家の思想をもとにできあがっている。岸田さんはその点をチェックしていないのではないでしょうか。

安倍国葬が宗教性を帯びた背景にあるもの

島田　国葬というのは無宗教式で営み、宗教色を排除しても、宗教性までは捨てきれません。どうしても宗教に寄ってしまうところが出てくる。儀式の形を整えるには宗教的なものを持ってこざるを得ないということでしょう。

政教分離に反しているという訴訟が起こる可能性が低いということもありますが、そのあたりの警戒感がない。反対するにしてもお金をかけすぎとか、「モリカケ（森友・加計学園問題）」や「桜を見る会」のような点が問題になっているだけで、より本質的なところに議論が及んでいないことに大きな問題があるような気がします。

――葬儀である以上、無宗教とはいえ宗教性を帯びてしまう。そのベースに安倍さんの思想があるということですね。

島田　それが安倍さんの思想なのか、安倍さんがそういう思想を持っていると周りが考えてのことなのか。

前川　安倍さんは、筋金入りの国体主義者ではありません。そういう人たちに担がれたのではないかと思います。安倍さんの若いころを知っている人たちの話では、何も考えていない人だったと。そういう人たちに囲まれているうちに、色に染まっていったのではないでしょうか。

島田　サミットを伊勢神宮で開催するといったところで、従来の首相とは違う方向性を示しましたね。

前川　同じ首相でも、中曾根元首相は筋金入りの国体主義者だったと思います。中曾根さんの書いた本を読むと、完全に日本国憲法を否定しているし、日本の民族性をものすごく大切にしている。それが神話につながるような天皇制と結びついています。

中曾根さんがどのような青年時代を過ごしたか考えてみると、旧制高校や大学生時代は天皇機関説事件のあとなんです。社会全体が日本は神の国だという国体思想がものすごくファナティックになっている時期に青年時代を過ごしていて、相当そういった思想の影響を受けたのではないかと思います。

中曾根さんより一つ上の世代の人は、天皇機関説時代の憲法を勉強していると思いますが、天皇機関説がバッサリやられたあと、上杉慎吉というファナティックな天皇絶対主義の憲法学者流の憲法学しか残っていない時代の憲法を勉強した。だから、中曾根さんが「戦後政治の総決算」と言ったのは、欧米流の民主主義を否定する意味を持っていたと思います。

私は安倍さんとは同い年で同じ時代を生きてきた。軽佻浮薄な時代です（笑）。あの人が筋金入りの国体主義者になるはずがない。

島田　中曾根元首相は靖国神社への公式参拝をして、安倍さんもそれに近いことをやろうとしましたが、そのとき同時に鎮霊社にも参拝しています。鎮霊社は、A級戦犯の合祀を押しとどめていた筑波さんという宮司（靖国神社第5代宮司・筑波藤麿氏）が、国内外を問わず、靖国神社に祀られていない戦争の犠牲者を慰霊するために建てたものです。

その後、A級戦犯の合祀を決定した松平さんが宮司になって（靖国神社第6代宮司・松平永芳氏）、鎮霊社は現在、完全に侵入禁止となっています。安倍さんが、なぜそこに参拝したのか。それは、子孫が途絶えた旧皇族の梨本宮家に養子に入ったある人が神道界の関係者で、その人が昭恵夫人とも関わりがあったからです。その人が鎮霊社への参拝をアドバイスしたという話をその人から直接聞きました。そういう経緯があって、安倍さんは靖国神社の本社とともに、鎮霊社にも参拝したわけです。

――それが、靖国神社参拝のエクスキューズになっている。

島田　そうです。そこに中曾根さんとは違う安倍さんの考え方が示されているような気がします。ところで、安倍さんの国葬は、暗殺というか、銃撃されて亡くなったということが、国葬に至る決定的な要因ですよね。

前川　亡くなり方が影響するところはありますね。

島田　戦前に国葬が定まっていくまでの過程があります。国葬令[注34]のことはいろいろと言われていますが、国葬令以前にも国葬とされているものがありました。岩倉具視が最初でしょうか。その前に国が関わった葬儀としては、暗殺された人物を明治維新の功績者だから国葬にするという動きから始まっていて、暗殺と国葬は結びついている。岸田さんが国葬を選択したのは、安倍さんが銃撃されて亡くなったからで、そうでなければ国葬は絶対にあり得なかった。

岸田内閣が解散命令を請求するかどうかが本気度の試金石

――旧統一教会に対して解散命令は請求されるのでしょうか?

前川　おそらく岸田内閣では解散命令を請求しないのではないでしょうか。水面下でつながっている政治家がたくさん残るだろうから。萩生田さん(光一・自民党政調会長)が解散命令を請求できないと言っていましたが「あなたがそれを言うんですか?」と。解散命令を請求するかどうかは、本気で統一教会と縁を切る気があるかどうかのいい試金石になると思います。

統一教会の場合、解散命令を出されたオウム真理教や明覚寺(霊視商法による詐欺罪で最高幹部らの有罪が確定)のように、教団の代表者が刑事事件で起訴されるというところまでは行っていません。仮に会長や幹部が詐欺を働いたとして逮捕、起訴されれば文句なしですが、宗教法人法第八十一条第一項[注35]の解散要件に照らして考えれば、刑事事件で罰を受けた場合しか当てはまらないとは書いていません。

「法令に違反して、著しく公共の福祉を害すると明らかに認められる行為をしたこと」あるいは「宗教団体の目的を著しく逸脱した行為をしたこと」と書いてあるわけで、代表者が刑事事件で起訴されるということはもちろん含まれますが、当てはまるかどうかの解釈はもっと広いものです。

民事事件で不法行為として認められ、損害賠償を払えという判決が出ているし、そのなかで教団ぐるみでやっていたと事実認定されている事例もある。教団そのものではないが、教団関連の企業が霊感商法をやっていて社長と幹部が懲役刑という確定判決も出ている。

私は、そういう刑事事件、民事事件を全部合わせれば、教団そのものが「著しく公共の福祉を害すると明らかに認められる行為をした」という立証ができると思います。

よしんば、それが五分五分だったとしても、請求する意味はある。最終的に判断するのは裁判所なので、行政府は請求する立場でしかない。国民の公共の福祉をバックにして行動するのであれば、国民にとって害を生じている教団だから制度の保護を外してくれという話が通ることになる。宗教法人制度は宗教法人が宗教活動をしやすいように法人格を与えて保護する仕組みなので、法人格を奪ったからといって信教の自由を直接侵害したことにはならない。保護を外すだけなので、解散命令の請求は十分できると思っています。

文化庁が解散命令を請求できないと言っているのは、前例にとらわれているからだと思います。確かに前例はオウム真理教と明覚寺の2件しかないわけで、いずれも教団の代表者や幹部が刑事事件で起訴されたケースでした。統一教会は幹部が詐欺罪で捕まっていないという問題はありますが、もしも警察がそこまで踏み込んで詐欺罪で逮捕していれば、当然、文科省は解散命令を請求していたでしょう。

島田　幹部が詐欺罪で逮捕されていないし、民事に関する事件もかなり古いものが多く、最近ではない。そうなってくると、何で今、という理屈も難しい。

前川　１９９０年代、２０００年代にやっていたことと、今の世界平和統一家庭連合に同一性があるのかという問題になりますが、私は名前を変えたからといって過去の悪行は消えないと思っています。解散命令に時効はないでしょう。

民事事件での解散命令請求は前例がないがやる価値がある

島田　教祖が関わった事件というと、現在の真如苑がまだ「まこと教団」といっていた時代に、教祖が暴行事件で有罪判決を受けている。それで彼はどうしたかというと、教祖の地位を退いて奥さんが教祖になり、真如苑と改称した。

オウム真理教事件よりずいぶん前の話で、当時はまだそうした教団を危険視する風潮がなかったのでしょう。もしオウム事件後であれば大騒ぎになり、まこと教団を解散させろという声が上がったかもしれません。

前川　暴力が組織的に行われていたとすれば、解散命令に持っていけました。教祖の個人的な犯罪だけではおそらく解散命令までは行きません。トップの指示のもとで組織的に犯罪が行われていたという証拠が必要なのだと思います。暴力団と似ている。

島田　そもそも解散命令と言ったとき、オウム事件以降のことは想定されていないように思えます。宗教法人を解散するというケースでは、債務と債権の問題など経済的な事由が想定されている。債務が超過している状況になってくると、清算しなければいけないということで宗教法人を解散する。清算人が登場して決着をつけるというやり方です。

このやり方は、今言われているような違法行為とは必ずしも直結しないところがあります。はたして賠償のために必要な額が教団の資産を上回って、それで破産となるのかどうか、結びつかない気がしています。そのあたりはどうなんでしょう。

前川　「法の華三法行」は破産したので、そこで宗教法人の法人格はなくなりました。宗教法人法による解散命令ではありません。

同法第八十一条第一項には解散命令が出せる事由が五つ書いてあって、そのうち三号から五号は総じて言えば不活動法人。不活動法人は全国に５０００くらいあって、前に述べましたが、私が宗務課長だったときに、もっとも一生懸命やったのが不活動法人を一つひとつつぶしていくことでした。不活動法人が眠ったままでいればいいですが、悪意を持った人がそれを起こして、宗教活動をしていないのに宗教法人だと言って別の事業を始めてしまうのを阻止する。

解散命令請求には他にもいろいろ例があって、八十一条一項三～五号にもとづく不活動法人の解散命令請求はあります。

島田　宗教法人審議会には諮るのですか。

前川　報告はしますが、諮問はしません。宗教法人審議会に諮問するケースというのは、認証する、しないのときに、認証しない場合は必ず宗教法人審議会にかける。解散命令請求の場合は、より客観性、中立性のある裁判所が最終的に判断するので、宗教法人審議会への諮問はしていないのです。

島田　オウム真理教や明覚寺の場合も、宗教法人審議会にはかけていない。

前川　かけていません。報告はしたと思いますが。

宗教法人法第八十一条第一項第一号は「法令に違反して、著しく公共の福祉を害すると明らかに認められる行為をしたこと」、第二号が「宗教団体の目的を著しく逸脱した行為をしたこと」です。オウム真理教と明覚寺は、この二つの要件に当てはまると裁判所が判断して解散命令を出した。

団体が「法令に違反した」というためには、最低限、代表者が刑事事件で責任を問われていて、その代表者のもとで組織ぐるみで違法な行為が行われていたことが説明できないと、解散命令は出せない。違法性とは刑事事件だけでなく、民事事件で不法行為による損害賠償を支払えという判決があれば、それが根拠になるはずです。今までは、そういう前例がない。しかし、民事事件で解散命令請求をすることは十分可能だと思います。

私が岸田さんの立場で、本当に統一教会と縁を切ろうと思うなら、解散命令請求をするように文科省と法務省に指示しますね。もし、省庁側が拒んでいるのだとしたら、文科省だけでできないと言っているのではなく、法務省と相談しているはずで、むしろ法務省が待ったをかけているのかもしれません。文化庁が前面に出てくるので文化庁は弱腰だと思われていますが、後ろには法務省がいて相談しながらやっているはずです。

今ある材料を集めて裁判所に請求すれば、判断するのは裁判所です。裁判所も世論を気にすると思うし、ここで解散命令を出さなかったら裁判所はヤバいと思う人がいるかもしれない。解散命令が出る可能性は高いと思いますが、今までの前例には当てはまらない。新しい前例を作ることになる。

島田　新しい事件が起こったら、そういう方向に行くとは思いますが、もう一つの問題は公明党と連立を組んでいるので、宗教法人に対して積極的に解散命令を出すことに、政権として踏み込めない状況があると思います。

前川　統一教会のように、お金を巻き上げる、自己破産するところまでやる、借金してまで献金させるという高額献金の判例があまりありません。霊感商法と「青春を返せ裁判」

で損害賠償を認められたという判決はありますが。

島田　宗教界にはいろいろと問題になることがあります。天台宗は長く山口組の葬儀、法要に関わってきて、警察からやめるように言われても続けていました。最終的に10年くらい前にやめましたが、葬儀、法要をすることは信教の自由だと言って突っぱねていた。そうなってくると反社ですから、天台宗の解散命令だって考えられた。

そもそも、献金の額はわからないところがあって、旧統一教会側がそれを把握しているのかどうかということからして問題です。

高額献金と言ったときに、普通のお寺が戒名料やお布施を100万円単位で取っているのはそれにあたるのではないのか。そこに限度を設けられるのか。高額献金で解散命令というのは厳しい。

前川　金額だけでは説明がつかない。その方法でしょうね。「霊感」という言葉が、特定商取引法に盛り込まれた概念としてある。判例を積み重ねて明確化していくしかないと思いますが、恐怖心を植えつけるという行為が一番の決め手になるのではないかという気がします。

島田　安倍さんを銃撃した山上容疑者の母親は、依然として信者であり献金もしていますが、そういうことに問題を感じていない。旧統一教会を信じきっている人に、違法という意識はまったくありません。

前川　マインドコントロールが解けた人か、被害を受けた家族しか問題を感じないわけですね。

もし旧統一教会が解散したら、その後はどうなるのか？

――自分の母親がお金を奪われていても、自分は教団から直接奪われていないので訴えることができないとなると……。

島田　世の中は次第に変わってきています。宗教団体ではありませんが、私が以前所属していたヤマギシ会は、入会に際して「退会するときに献金の返還請求はしない」という誓約書を書いて、財産を全部差し出すことになっていた。バブルのころに団塊の世代が家族ぐるみで入るときには、不動産を売却するので億を超えるお金が動きました。その後、ヤマギシ会を退会する人が出てきて、この献金問題が裁判になりました。最終的には、所属していた間の生活費を除いた金額を返すという判決が出て、ヤマギシ会はそれに従っています。

社会がそういう方向にだんだん変わってきたので、高額献金であれば、それを教団側が返還するという流れができつつある。しかし、それが宗教法人の解散に結びつくかと言ったら、また別の話です。

もう一つの問題は、宗教法人が解散したらどうなるのか。オウム真理教は解散しましたが、「アレフ」や「ひかりの輪」として残っている。それをどう考えるのかという問題があります。

――高額献金をした人がお金を返してほしいと言ったとき、宗教法人が解散していたらどうなるのでしょう?

島田　オウム真理教の事件があったとき、賠償金を支払わせるために、アレフなどが教団として存続することを容認してしまった。そこから賠償金を取るという形にしたために、残存してしまうことになったのです。

その後ある程度は返済していますが、返済するということに対する強制力はそれほど働かない。解散したことで世の中からそういう団体が完全に消滅するかと言ったら、それは難しい。不可能とも言えます。

特に旧統一教会の場合は関連団体がたくさんあって、仮に旧統一教会が解散したとしても、関連団体まで解散させることはできません。関連団体は政治団体やNGO、NPOなどさまざまで、それぞれの事由で解散させないとなくならない。

前川　確かに、勝共連合も世界日報も残るでしょう。解散すれば統一教会は法人格がなくなりますが、法人格のない団体として残る可能性は十分にあります。

島田　そのとき財産はどうなりますか？

前川　宗教法人法に定められた手続きによって処分されるのでしょう。

島田　清算人が出てきて、宗教団体の財産については解散の時点で清算することになる。

ただ、清算したお金がどこに流れて行くかというのは、別の関連団体に行く可能性もあります。規則によって変わるのではないですか？

前川　宗教法人法では、解散した宗教法人の残余財産の処分は、その法人の規則で定めるところによるとされていますが、規則に定めがないときは、他の宗教団体または公益事業のために処分できるとされています。もっとも、もしも統一教会が解散したら、日本の法人はお金の通過地点でしかないので、ほぼ残っていないのではないでしょうか。財産はほとんど韓国に行っていますから。

――解散させることの社会的意味は、組織に対するダメージ？

前川　宗教活動がものすごくしにくくなるのは間違いありません。税法上の優遇措置もなくなるし、不動産には固定資産税がかかる。今は宗教活動に伴う収入には法人税がかかりませんが、そういう税金がドッとかかってきます。

――それだけでもダメージは大きいですね。

前川　今の時点でも、相当ダメージは生じているでしょうね。いろいろな団体の名前でやっている活動が少しずつ見えてきて「これも旧統一教会なのか！」と、その正体が明らかになってきましたから。

島田　そういう関連団体も名前を変えるかもしれません。宗教法人でなくなれば、名称を変更するのに、認証は必要ありませんからね。ドイツではテロ集団を解散するという法律を作って現実に適用しましたが、結局は別団体になり、あまり効果がなかった。

民主主義の社会においては、団体を抹殺するようなことはできないんです。会社と違うのは、メンバーがフルタイムで関わっているのではなく、他に仕事を持っているわけで、そちらの部分までは及びません。

そうすると、旧統一教会の問題を宗教法人法の解散という方向に持っていくのが、はたして得策なのか……。

教団のなかで霊感商法が通用するのは、信仰が篤い人だけと決まっているようで、それほど信仰が深くない人には売ることができない。旧統一教会の霊感商法は信仰にもとづくものであり、自分たちが目指しているものに合致しているという確信がないと、やってはいけないようです。
　旧統一教会側からすると、霊感商法は単なる金儲けではなく、信仰活動の一環としてやっていることは間違いない。それをどうするかというとなかなか難しい。どんなことをやったとしても、それが自分たちの信仰に役立てばいいと考えているのだとしたら、抜け道を使ってでも実行しようとするでしょう。

自民党はほとぼりが冷めるのを待っている

――信者がボランティアで議員秘書をやることなどは問題ないのですか？

前川　個人が自由意思でやっているのであれば、問題なしです。しかし、統一教会の信者さんが送り込まれているのは心を操られているわけで、近代的な自我というものを前提にすれば考えられません。宗教には自分の損得を超えたものがあると思いますが、私には心を操って搾取しているとしか見えません。
　秘書として働いたり、選挙の運動員やウグイス嬢をやったり、教団に言われるがままに特定の候補者に票を入れるというのは、一見、自発的にやっている無償の行為です。しかし、それをやらせている教団側は代償を求めているわけで、特定の政治家に肩入れして恩を売り、見返りとして便宜を図ってもらう意図があります。

広告塔になってもらうこともそうですが、当時の下村文科大臣が行った名称変更の認証も見返りの一つでしょう。第2次安倍政権の文科大臣がほとんど安倍派（当時は細田派）だったのを見ても、政治の力によって解散命令に至らないように歯止めをかけてもらう目的があったと思われてもしかたない。

それから、警察を押さえて、明覚寺のように詐欺罪で教団の幹部まで及んでくるような捜査をしないようにしてもらう。そういうことを見返りとして求めるためにやっていたのではないかと私は思います。

教団としては無償の行為ではありませんが、信者一人ひとりは無償の行為として自分の救いになると思ってやっているのでしょう。信仰と洗脳、カルトをどう区別するかは難しい問題だと思いますが、度を越した献金を求めるのはカルト、度を越した労働奉仕を求めるのもカルトだと思います。

――それによって票を得てきた政治家の問題もあります。

前川　統一教会と関係があった政治家たちは、次の選挙で落としてもらわなければなりません。もし次の総選挙で山際大志郎《やまぎわだいしろう》氏（前・経済再生担当大臣）が当選するようなことがあれば、日本の有権者には絶望します。

島田　創価学会、公明党の側はやりようによっては、解散命令請求を利用して、「旧統一教会は悪い。自分たちは正しい宗教である」という区別をして臨むということはある。前回の宗教法人法改正のときに叩かれた経験がありますから。ただ、今の創価学会、公明党は全体的に指導力が発揮できないような体制になっています。池田さんが表に出られない状況で、本当に決定権を持っている人がいない。そうなると、そこには踏み込めない。

池田さんが前面に出ていた時代だったら、違っていたと思います。池田さんが現在94歳と高齢で表舞台に立てなくなっている状況では、そこまで踏み込めないから、守りの姿勢で宗教法人法までは突っついてほしくないというスタンスになる。裏でなるべく事を荒立てないようにと自民党に働きかけるでしょう。

岸田さんの力もないので、大胆な決断をするのは難しい。まして、自民党内部の問題ですから。「自民党をぶっ壊す」くらいのことを言わないとできないが、岸田さんは絶対にそんなことは言えない。自民党のなかでも、旧統一教会との関係が深い人とそうでもない人ははっきりと分かれています。関係の深い人は、どんな利害があるのでしょうね。

前川 献身的に働いてくれる運動員などはありがたかったのだと思いますが。

島田 自民党が行った調査の結果では、そんなにたくさんボランティアをしてもらっている議員はいなかったし、秘書の数は非常に少なかった。

前川 解明すべき点はいろいろとあると思いますが、統一教会に肩入れすることで、少なくとも安倍さんに評価してもらえるという要素はあったと思います。安倍さんだけでなく、麻生（太郎・自民党副総裁）さんや菅さんもかなり統一教会と濃い関係にあったのではないかと言われていますから。

岸田さんは統一教会との関係が薄かったので、解散命令請求をしてもご自身に累が及ぶことはないと思いますが、自民党としては困るのではないでしょうか。

今はほとぼりが冷めるのを待っているのでしょう。けっこう時間はかかると思いますが……。ただ、「モリカケ」も「桜を見る会」も、だんだん風化していきました。このままの状況だと解散命令請求はしないし、10年、20年経ったらまたぞろ名称変更という話になって、「世界統一平和家庭連合」という名前はやめた、ということになりそうですね。

島田　すでに名前を変えようとしていますよ。

前川　「天《てん》の父母様聖会《ふぼさませいかい》」。渋谷区にある統一教会の建物に書いてあります。「天の父母様聖会」についても、世の中の人は認識し始めているので、そのうち別の名前にするのではないかと思います。

島田　「母様」が亡くなったら、難しいでしょうね。息子たちが反乱して、分裂しているわけですし。

前川　天のお子様をどこかから連れてくるのではないですか？

島田　簡単にはいかないでしょうね。初代は教祖として力を持ちますが、2代目になると力が落ちるのはどこの教団でも同じです。創価学会は世襲ではありませんが、2代目、3代目はうまくいったものの、他の教団は軒並みダメです。旧統一教会も前のような力はなく、相当無理してやっている。大幅に失速しています。

宗教2世の問題は子どもの人権侵害を浮き彫りにしている

前川　統一教会は、自分たちの宗教を日本の国教にしようという野望があったと報じられています。

島田　それは妄想ですね。そもそもそれほど信者がいるわけではない。2万人程度ではないでしょうか。旧統一教会に反対している人たちや政治家も、旧統一教会の力を過大評価してきた。もともと、反共ということが大きかったわけで、そういう側面がなくなったことによって、反共に魅力を感じていた人たちも退会している。70年代、80年代に入会した人たちも高齢化しています。

前川　そういうところで、祝福2世（親が旧統一教会の合同結婚式で結婚して生まれた子ども）と言われている人たちが苦しんでいるのではないでしょうか。もともといる若い人たちを囲い込んでいるわけですから、一番ひどい目に遭っているのは2世たちでしょう。

島田　合同結婚式で結婚した人が、幸せになれたかという問題もあります。無理やり結婚させられている部分があるので、家庭生活がそんなにうまくいっていないのではないか。暴力を振るわれたとか、相手の人が信者ではなかったという報道もある。旧統一教会のやり方は、そもそも宗教として無理があります。

反共という面がなくなってから入ってきた人たちは、個人的な事情で入会してきている女性が少なくありません。エホバの証人に行く人たちと変わりがない。エホバの証人も、家庭生活がうまくいっていなくて入信する人が多いのです。エホバの証人は、「鞭を使いなさい」と子どもの虐待を正当化していて、実際にそういうことをしている。このエホバの証人の信者は、最低でも12万人います。ただ、世間に対してはまったく関心がなく、政治活動もしていません。

前川　宗教2世の問題は、児童虐待の問題として扱うべきだろうと思います。宗教だから手を出さないというのではなく、宗教に起因することであっても、子どもの人権が侵害されているような事態は、社会的に救済するという対処が必要でしょう。

島田　信仰の強制は世界中あらゆる家庭がやっていることなので、それと宗教2世のいる家庭の問題を区別することは非常に難しい。前川さんがおっしゃるように、家庭内の虐待の問題として考えるべきで、信仰の強制がいけないということは一概に言えない。

前川　統一教会の信者の家庭は収入があっても献金に回してしまい、子どもに回ってこない。奨学金を使われてしまったという問題も起こる。だから教育や福祉、医療というサービスは子ども自身に提供するという仕組みを作っていくことによって、親の間違った行為が子に降りかからないようにしていく必要があります。

子どもの人権を社会的に保障する仕組みとして、たとえば子どもの教育機会ということを考えた場合、大学も無償化して、家庭の収入に関係なく大学に行けるというようにしておけば、「お金がないから大学に行けない」という話にはならない。

高等教育もベーシックサービスのなかに入っていていいと思っています。高校卒業者の8割は、専門学校も含めた高等教育機関に進学する時代になっている。現在は高等教育機関に行くのは当たり前ですが、家計の負担で行くものだという前提があります。しかし、誰でも経済的な負担がなく、高等教育が受けられるようにするべきです。

宗教2世の問題は、そういう問題も浮き彫りにしている。子ども自身に支援が行くようにすることが必要なのではないかと思います。

島田　あとは宗教教育の問題があって、宗教教育をどう考えるか。宗教学会でもそういう動きはあるものの、現実には大きなムーブメントにはなっていません。先生たちも宗教についての知識や理解がないので今、宗教教育をやれと言ってもできません。

ある特定の信仰の立場に立つのではない宗教教育があり得るとすれば、そういうものの必要性は道徳の授業以上にあるのではないでしょうか。

より理解を深めるためのキーワード解説

注1　**神道指令**

1945（昭和20）年12月15日、GHQが日本政府に対して発した覚書「国家神道、神社神道ニ対スル政府ノ保証、支援、保全、監督並ニ弘布ノ廃止ニ関スル件」の通称。国家神道の廃止、政治と宗教の徹底的分離、神社神道の民間宗教としての存続などを指示した。冒頭部分は以下の通り。

「国家指定ノ宗教乃至祭式ニ対スル信仰或ハ信仰告白ノ（直接的或ハ間接的）強制ヨリ日本国民ヲ解放スル為ニ戦争犯罪、敗北、苦悩、困窮及ビ現在ノ悲惨ナル状態ヲ招来セル「イデオロギー」ニ対スル強制的財政援助ヨリ生ズル日本国民ノ経済的負担ヲ取り除ク為ニ神道ノ教理並ニ信仰ヲ歪曲シテ日本国民ヲ欺キ侵略戦争へ誘導スルタメニ意図サレタ軍国主義的並ニ過激ナル国家主義的宣伝ニ利用スルガ如キコトノ再ビ起ルコトヲ妨止スル為ニ再教育ニ依ッテ国民生活ヲ更新シ永久ノ平和及民主主義ノ理想ニ基礎ヲ置ク新日本建設ヲ実現セシムル計画ニ対シテ日本国民ヲ援助スル為ニ茲ニ左ノ指令ヲ発ス」

注2　**神社局**

内務省の内局。神社に関する政策を所管した。宗教政策は1877（明治10）年まで教部省が担当していた。内務省に事務が移管されるにあたって、内務省社寺局が創設され、宗教政策全般は同局が管轄していた。

1900（明治33）年4月に社寺局は、宗教局と神社局に分立する。宗教局は教派神道・仏教キリスト教・その他の宗教を管轄し、神社局は祭祀としての神道、国家神道に関わる事務を担当した。神社局は内務省内で筆頭局に位置づけられ、内務省内においても名目上は国家神道に関する事務を重要視することを意味した。「内務省官制」によると、事務官以外に学識経験者から任用される参与（7人以内）、専任の考証官（2人以内、うち1人は勅任）、祭務官といった職員が配置された。1940（昭和15）年11月9日には神社局を外局化し、内務大臣を総裁とする神祇院を発足させた。

注3　**宗教局**

宗教行政は従来、内務省社寺局の所管だったが、1900（明治33）年4月、神社神道は国家の宗祀として他の宗教と一線を画すため、神社局と宗教局とに分離された。神社神道と宗教との分離をさらに明確化する必要から、宗教行政を文部省に移管することが決まり、1913(大正2)年6月に内務省宗教局は廃止され、文部省宗教局が設置された。

当初、第一課と第二課が置かれ、教派・宗派・協会・僧侶・教師その他宗教に関する事項、寺院・仏堂に関する事項、古社寺保存に関する事項を管掌し、神社を除く全国の宗教団体を管轄した。1924年(大正13)12月、第一課は宗務課、第二課は古社寺保存課に改称され、1928年(昭和3)12月、古社寺保存課は保存課に改められた。宗教局は1942(昭和17)年11月、行政簡素化に伴う官制改革に際して改組され、教化局となり、局内に総務課・宗教課・文化施設課が置かれた。

注4　**神祇院**

1940(昭和15)年11月に設置された内務省の外局。祭祀としての神道を専管した官庁で、内務省神社局を昇格させた。神祇祭祀が国体の「基根」であり、国民道徳の源泉であるという認識のもとに戦時体制下における「皇国精神ノ発揚」を目的に設置された。1946(昭和21)年に廃止。

注5　**宗教団体法**

宗教法規を整備、統一して宗教団体の地位を明確にし、保護・監督を強化することによって国家の統制下に宗教団体を置くことを目的に、１９３９（昭和14）年４月８日に公布され、翌40（昭和15）年４月１日から施行された法律。この法律にもとづいて、１９４２（昭和17）年までに教派神道13派、仏教28派、キリスト教２教団の計43団体が認可された。また寺院７万余、教会２万５０００余も認可を受けた。

〈参考：宗教団体法制定までの経過〉

（１）第一次宗教法案

１８９９（明治32）年、第二次山縣有朋内閣が、第14回帝国議会に第一次宗教法案を提出。しかし、大日本仏教徒同盟会をはじめ仏教界からの反対意見が相次ぎ、法案は貴族院で否決され成立しなかった。

（２）第二次宗教法案

第一次若槻礼次郎内閣において、宗教制度調査会官制が公布された。宗教制度調査会は文部大臣の監督下に置かれた調査と審議を行う機関で、宗教界や学識経験者を委員に委嘱し、立法に向けて法案の審議が行われた。しかし、１９２７（昭和２）年の第二次宗教法案は貴族院で審議未了に終わった。

（３）第一次宗教団体法案

１９２９（昭和４）年に田中義一内閣の文部大臣であった勝田主計が、宗教制度調査会に対して諮問を行った。このときに、法律の対象を「宗教」ではなく「宗教団体」とすべきとの意見があったことから、宗教法案から宗教団体法案に名称を変更した。しかし、法案は貴族院で審議未了に終わった。

（４）宗教団体法草案

１９３５（昭和10）年に岡田啓介内閣の文部大臣であった松田源治が、宗教制度調査会に諮問を行った。しかし、法案として帝国議会への提出には至らず、続く第一次近衛文麿内閣の文部大臣である木戸幸一によって諮問は撤回された。

（５）宗教団体法

１９３８（昭和13）年に近衛文麿内閣の文部大臣だった荒木貞夫によって、宗教制度調査会に宗教団体法案要綱の諮問が行われた。法制局の修正を経て、平沼騏一郎内閣の文部大臣になっていた荒木が第74回帝国議会に提出。法案は貴族院と衆議院を通過し、１９３９（昭和14）年４月８日に公布された。

注６　**宗教法人令**

１９４５（昭和20）年12月、宗教団体法が廃止され、代わりに公布された勅令。全十八条からなる。登記を届け出るだけで、認可の必要がなく宗教法人を設立することができたため、宗教団体からの分離、有力寺院の独立、新しい宗教団体の設立が多くあった。

しかし、本来の宗教法人としての目的をなさず、税制の優遇を目的として法人格を取得する事例が多く見られた。

（参考条文）

第七条　宗教法人成立シタルトキハ成立後二週間内ニ主管者ニ於テ規則並ニ主管者ノ氏名及住所ヲ教派、宗派及教団ニ在リテハ文部大臣ニ、寺院及教会ニ在リテハ地方長官ニ届出ヅベシ

前項ノ規定ニ依ル届出ニ係ル事項ニ変更ヲ生ジタルトキハ変更ヲ生ジタル後三週間内ニ主管者ニ於テ前項ノ例ニ準ジ之ヲ届出ヅベシ

注7　**宗教法人法**

宗教法人令が法律として不備を抱えていたことから、信教の自由を尊重することを目的として、宗教団体に法人格を与えることに関する法律。所管官庁は文化庁。

宗教法人法が制定されて以降、社会状況の変化や宗教法人の実態の変化によって、制度

が実状に合わない面が生じていた。そんななか、1995(平成7)年のオウム真理教による地下鉄サリン事件が発生。この事件を一つのきっかけとして、宗教法人制度やその運営のあり方、宗教法人の活動のあり方について、さまざまな問題点が指摘されるようになり、見直しを図るべきであるとの機運が高まった。

そこで、宗教法人審議会において、全国的な宗教活動を行う宗教法人の所轄、宗教法人の情報開示、設立後の活動状況の把握のあり方などについての検討が行われた。そして同審議会の報告を受けて宗教法人法の一部が改正され、1996(平成8)年9月15日に全面施行された。

注8　**神社本庁**

全国約8万の神社を包括する宗教法人。神祇院の解体に伴い、皇典講究所・大日本神祇会・神宮奉斎会の三つの神社関係民間団体が中心となって、1946(昭和21)年に設立された。皇祖神(皇室の祖とされる神)を祀る伊勢神宮を本宗とし、地方組織として各都道府県に神社庁を置いている。

神社本庁は、日本会議の中核を担っており、神札である「神宮大麻」を頒布することに力を入れ、20年に一度の式年遷宮を無事にやり遂げることに活動の中心を置いている。その点で、国体を護持することを使命としていると言える。

注9　**宗教法人の分類**

宗教法人には、神社、寺院、教会などのように礼拝の施設を備える「単位宗教法人」と、宗派、教派、教団のように神社、寺院、教会などを傘下に持つ「包括宗教法人」がある。単位宗教法人のうち、包括宗教法人の傘下にある宗教法人を「被包括宗教法人」、傘下にないものを「単立宗教法人」と言う。

注10　**地下鉄サリン事件**

１９９５（平成７）年３月20日に東京都で発生した同時多発テロ事件。オウム真理教のメンバーが東京都の営団地下鉄（現・東京メトロ）丸ノ内線、日比谷線、千代田線の車両内で神経ガスのサリンを散布し、乗員・乗客14人が死亡、約６３００人が負傷した。

裁判では、教団元代表の松本智津夫（麻原彰晃）が事件の首謀者と認定され、松本元死刑囚を含む教団幹部ら10人の死刑と5人の無期懲役が確定。２０１８（平成30）年７月、他の事件の死刑囚３人を含む計13人の死刑が執行された。

注11　**松本サリン事件**

1994（平成6）年6月27日、長野県松本市で発生したテロ事件。オウム真理教教徒らによって神経ガスのサリンが撒かれ、8人が死亡し、約600人が重軽傷を負った。

注12　**東京都議会黒い霧事件**

1960年代の東京都議会をめぐる汚職事件。東京都議会議長選挙をめぐる贈収賄で計15人の都議が訴追された東京都議会議長選挙買収事件の他、1963（昭和38）～1965（昭和40）年にかけて不正事件が発覚し、都議や都庁幹部・元副知事が訴追された。

これらの不祥事に対する都民の不信、都政刷新を求める声が強まり、都議会解散を求めるリコール運動が都内各地で進められた。1965（昭和40）年6月1日、国会で地方議会解散特例法が成立すると、同月3日には都議会が議決を経て自主解散。7月14日に実施された東京都議会議員選挙の結果、社会党が45議席を獲得して第一党となった。自民党は38議席と議席を減らして第二党に転落し、保革勢力が逆転。2年後の1967（昭和42）年4月に、美濃部亮吉革新知事が誕生するきっかけとなった。

注13　**言論出版妨害事件**

創価学会、公明党が、自分たちに対して批判的な内容の出版物が刊行されることに圧力をかけ、出版・流通を妨害した事件。1969（昭和44）年、NHKの選挙特番で日本共産党の議員が、明治大学教授で政治評論家の藤原弘達の著書『創価学会を斬る』の出版を創価学会、公明党が妨害したと発言。その後、日本共産党の機関紙『赤旗』が紙上で問題を糾弾、追及したことで他のマスコミにも報道が拡大し、大きな騒動に発展した。

注14　**日蓮正宗**

日蓮の6人の直弟子の1人である日興を派祖とする日蓮宗の一派。静岡県富士宮市の大石寺を総本山とする。一般の日蓮宗にはない特異な教義があり、主なものとして「日蓮本仏論」「血脈相承」「本門戒壇之大御本尊（板曼荼羅本尊）」がある。

創価学会はこの宗派の護持団体であったが、1970年代後期から路線の対立が表面化し、1991（平成3）年11月に宗門側が創価学会を破門にした。

注15　**自民党改憲4項目**

自由民主党が憲法改正を目指すとして挙げている①自衛隊の明記、②緊急事態条項の追加、③参院選の合区解消、④教育の充実の4項目。

①自衛隊の明記については、自衛隊違憲論を解消すべきだとし、現在の第九条第二項を維持したうえで、第九条の二として自衛隊の保持を明記し（第一項）、自衛隊の活動を統制に服させる（第二項）案を示している。

②緊急事態条項の追加については、大災害で国会が機能しなくなった事態に備え、行政権限を一時的に強化し、緊急政令で法律同様のルールを定めること、選挙を行わずに議員の任期を延長できることを憲法で定めるべきだとしている。

③参議院の合区解消については、合区がその選挙区に住む有権者の投票の機会を奪うとして、「参議院議員が各都道府県から少なくとも一人を選出できる」と憲法に明記し、合区を禁止すべきだとしている。

④教育の充実については、教育の重要性を国の理念として位置づけ、国民の誰もがその機会を享受できるようにし、私学助成が禁止されているように読める現行の規定を現状に即した表現に変更するとしている。

注16　**世界平和統一家庭連合（旧統一教会）**

1954（昭和29）年、文鮮明によって韓国で創設された宗教団体。創設時の名称は

「世界基督教統一神霊協会」で、一般的には「統一教会」の名称で知られていた。日本では、1964（昭和39）年7月に宗教法人の認証を受けている。1994（平成6）年に現在の名称に変更された（日本において名称変更が認証されたのは2015〈平成27〉年）。

注17　**霊感商法**

霊感があるかのように振る舞って、先祖の因縁や霊の祟り、悪いカルマがあるなどの話を用いて不安を煽《あお》り、印鑑や壷などを法外な値段で売りつける商法。旧統一教会による霊感商法が社会問題化し、注目されるようになった。

注18　**青春を返せ訴訟**

当時の世界基督教統一神霊協会（旧統一教会）の元会員が、「研修会などを通じて、知らないうちに洗脳教育に引き込まれ、献金や活動で精神的、経済的損害を受け、貴重な青春時代を奪われた」などとして、損害賠償を請求した訴訟。1987（昭和62）年に初めて提訴されて以来、全国各地で訴訟が提起され、2000（平成12）年に旧統一教会の伝道の違法性を認定する全国初の判決が出た。2001（平成13）年には、旧統一教会側の敗訴が最高裁で初めて確定した。

注19　**生長の家**

１９３０（昭和５）年に谷口雅春が創設した新宗教。谷口は、早稲田大学を中退後、神霊治療や催眠術に関心を持ち、「大本《おおもと》」（出口なお、その娘婿の出口王仁三郎が興した神道系新宗教）に入信。文才を買われて機関紙や聖典の編集作業に当たったが、しだいに大本のあり方に疑問を感じ、大本を去った。

その後、神の啓示を受けて雑誌『生長の家』を創刊。その合本『生命の実相』を聖典とする運動を展開し、多くの会員を獲得した。機関紙や出版物を次々に発行して信者に購入させるというスタイルは、現在、多くの新興宗教団体が用いている手法で、それをいち早く確立した生長の家は、いわゆる「出版宗教」の先がけだと言える。

１９４０（昭和15）年に宗教団体法が施行され、宗教結社として認められると、天皇を世界中のすべての宗教の根本にあるとし、文部省の「国体の本義」の内容は手ぬるいと批判。そして、谷口は太平洋戦争を「聖戦」であるとし、中国を撃破するために念波を送ることを呼びかけたりした。

注20　**日本会議**

1997（平成9）年に、「日本を守る会」と「日本を守る国民会議」が統合して設立された日本最大の保守主義団体。47全都道府県に本部、241の市町村に支部がある。現在の会長は、田久保忠衛・杏林大学名誉教授。会員数は約4万人とされ、国会議員懇談会には、自民党議員を中心に超党派の衆参国会議員約290人が所属している。故安倍晋三元首相は、特別顧問を務めていた。

「美しい日本の再建と誇りある国づくり」を掲げ、政策提言と国民運動を行うとしている。主な活動や主張には、新憲法の制定、内閣総理大臣の靖国神社公式参拝実現、男系による皇位の安定的継承を目的とした皇室典範改正などがある。

注21　**勝共連合（国際勝共連合）**

反共主義の政治団体。旧統一教会の教祖・文鮮明が、1968（昭和43）年1月に韓国で、同年4月には日本で創設した。

運動方針として、①憲法改正の実現、②防衛力強化、スパイ防止法制定などを通して、我が国の安全保障体制を確立、③同性婚合法化、行き過ぎたLGBT人権運動に歯止めをかけ、正しい結婚観・家族観を追求することなどを掲げている。

注22　**原理研究会**

旧統一教会の教祖・文鮮明が提唱した統一原理を研究する非営利団体。厳密には、各大学にある原理研究会という学生サークルの連合体をいう。近年は、カープ（ＣＡＲＰ：Collegiate Association for the Research of Principles）という名称で、大学キャンパスなどでＳＤＧｓを絡めた勧誘活動などを行っている。

注23　**安倍元首相銃撃事件**

２０２２（令和４）年７月８日、奈良市の近鉄大和西大寺駅前で第26回参議院議員通常選挙の応援演説を行っていた安倍晋三元首相が銃撃され、死亡した事件。

容疑者は、元海上自衛隊の任期制自衛官の男性（事件当時41歳）。犯行の動機として、母親が旧統一教会に入信し、少なくとも約１億円を献金して破産し、家庭が崩壊したために、団体の最高幹部を襲撃しようとしたものの接触が難しかったことから、団体と関わりがあると思った安倍氏を狙った旨の供述をしている。

この事件をきっかけとして、旧統一教会と自民党との関係がクローズアップされたが、同党の茂木幹事長は党としての関係性を否定。各議員に対して旧統一教会との関係の点検と見直しを指示した。選挙後の同年8月に行われた第二次岸田改造内閣の組閣、自民党役員人事でも、大臣および党役員に就いた議員と旧統一教会との関係が取り沙汰された。

その後、自民党は所属の全国会議員と旧統一教会の関係について点検を実施し、9月8日に結果を発表。379人中179人に何らかの接点があることが明らかになり、そのうち、つながりが深い121人については氏名を公表した。9月30日に追加報告があったことが発表され、接点があった議員は180人、氏名公表議員は125人となった。

注24　**反セクト法**

2001（平成13）年にフランスで制定された法律。社会的に警戒を要するセクトと呼ばれる宗教団体に、一定の規制をかけることを目的とする。

フランスでは「ライシテ」と呼ばれる政教分離制度が徹底しているため、宗教の法的定義はなされていないが、セクトかどうかの判断基準10項目が挙げられており、これらの一つでも該当すれば、セクトと認定される。反セクト法が定める法令違反で有罪判決が複数回確定した場合、裁判所が解散宣告できると規定している。

注25　**ライシテ**

フランスにおける政教分離の原則。国家の非宗教性、宗教的中立性、個人の信教の自由の保障などを表す概念である。

注26　**スカーフ事件**

１９８９（平成元）年、パリ郊外クレイユ市の中学校で、ムスリムの女生徒３人がスカーフを外すことを拒否したため、退学処分となった事件。

この事件は、国家の宗教的中立性というフランス国家を形作っている基本理念、両性の平等といった普遍的価値、平等で自律した個人から成るとされるフランスという国のあり方そのものに関わる問題を孕んでいるととらえられ、論争が長く続いていくことに。

２００４年（平成16）３月には、フランスで、公立学校において誇示的、宗教的な標章を着用することを禁止する法律が公布された。事実上、ムスリムの女子生徒が着用するスカーフを標的にしていることが明らかなため、「スカーフ法」とも呼ばれている。

注27　**津地鎮祭訴訟**

１９６５（昭和40）年に津市が主催した津市体育館の起工式（地鎮祭）が宗教法人である神社の宮司主宰のもとに神式に則って行われ、その費用に公金が支出されたことについて、津市議会議員が出訴し、その適法性が争われた訴訟。一審では原告の請求棄却、二審では原告勝訴となった。

そして1977（昭和52）年7月、最高裁判所大法廷が下した判決では、津市が行った地鎮祭について、その目的は専ら世俗的なもので、その効果は神道を援助、助成、促進するものでないから、憲法第二十条第三項で禁止されている宗教的活動には当たらず、これに対する公金の支出も憲法第八十九条に違反するものではないとされた。

この判決は、憲法における政教分離の原則および国の機関などと宗教活動との関わり合いについて最高裁判所としての判断を示した点で、大きな意義を持つものである。

注28　**A級戦犯合祀問題**

戦犯として死刑に処せられた者を靖国神社に合祀するかどうかは議論がある問題で、昭和30年代前半から、靖国神社と厚生省引揚援護局の間で検討が始められた。1959（昭和34）年にBC級戦犯について、第一陣353名の合祀が実現したのを皮切りに順次合祀が実現されていったが、A級戦犯の合祀は先延ばしとなった。

その後、1966（昭和41）年2月8日、厚生省引揚援護局はA級戦犯の祭神名票を靖国神社に送付。翌年5月8日に靖国神社の境内にある洗心亭で開かれた厚生省引揚援護局と靖国神社の合祀事務連絡会議において配布された資料で、A級戦犯について「総代会に付議決定すること」とされたが、すぐには合祀とならなかった。

A級戦犯の合祀が決定されたのは、1969（昭和44）年1月31日に開かれた靖国神社の総代会においてである。この時点では合祀は実質的に保留のままとされ、実際に合祀されたのは1978（昭和53）年10月17日だった。長く保留になっていた合祀が実現されたのには、宮司の交代が関係している。

戦後長らく第5代宮司を務めていた元皇族の筑波藤麿は、軍人を嫌っており、左翼的な心情を持つ平和主義者であった。そうした思想にもとづいて、A級戦犯の合祀を先送りしていた。筑波の死後、元海軍少佐で、福井市立郷土歴史博物館長を務めていた松平永芳が後を継いだ。

松平は、東京裁判を否定しない限り日本精神は復興できないとの考えを持っており、A級戦犯も祀るべきだと述べていた。これがA級戦犯の合祀へとつながっていった。

靖国神社側では、A級戦犯合祀の事実が広く知られて問題になることを恐れ、秘密裏にことを進めていった。1979（昭和54）年4月19日、共同通信のスクープにもとづいて報道されたが、当時は大きな話題にはならなかった。

A級戦犯合祀問題が注目されるようになったのは、中曾根康弘首相の靖国神社公式参拝に対して、中国をはじめとする近隣諸国が批判の声を上げるようになってからである。
また、昭和天皇がA級戦犯の合祀に対して不快感を抱いており、このことが昭和天皇の靖国神社参拝中止の一因となっている。現上皇の天皇在位中、今上天皇ともに、靖国神社には一度も参拝に訪れていない。

注29　**富岡八幡宮殺人事件**
2017（平成29）年12月7日、東京都江東区の富岡八幡宮近郊と敷地内で起こった連続殺人事件。第21代宮司が実弟である第20代宮司に日本刀で斬りつけられ死亡した。
宮司の任命をめぐっては、神社本庁との間で問題も起こっており、のちに富岡八幡宮は神社本庁を離脱している。

注30　**教育勅語（教育ニ関スル勅語）**
1890（明治23）年10月30日、明治天皇が近代日本の教育方針として下した勅語。形式的には明治天皇が宮中で下した勅語の体裁を採っているが、実際には井上毅、元田永孚らが起草したものである。
内容は大きく三つの部分から成る。前段では、国が始まって以来、歴代の天皇が道徳の形成に努め、国民が忠義の道において一致してきたことを「国体ノ精華」とし、教育の根源をこの点に置いた。続いて日本国民の体得すべき徳目を挙げ、最後にこうした国体観、臣民観が時間と空間を超えて妥当する絶対の真理であると宣言し、天皇と国民が一体となってその実現に邁進すべきことを求めている。

1946(昭和21)年1月、昭和天皇が「人間宣言」を行い、同年11月に公布された日本国憲法は、天皇を日本国と日本国民統合の「象徴」とした。これにより、教育勅語の神話国家観は完全に否定された。そして、教育勅語に代わり、新憲法下の教育理念を示す法律として1947(昭和22)年3月に教育基本法が制定された。

こうした経緯から、1948(昭和23)年6月19日、教育基本法などの精神にもとるとして、衆議院で「教育勅語等排除に関する決議」、参議院において「教育勅語等の失効確認に関する決議」が決議された。

(原文)

朕惟フニ我カ皇祖皇宗國ヲ肇ムルコト宏遠ニ徳ヲ樹ツルコト深厚ナリ我カ臣民克ク忠ニ克ク孝ニ億兆心ヲ一ニシテ世々厥ノ美ヲ濟セルハ此レ我カ國體ノ精華ニシテ教育ノ淵源亦實ニ此ニ存ス爾臣民父母ニ孝ニ兄弟ニ友ニ夫婦相和シ朋友相信シ恭儉己レヲ持シ博愛

衆ニ及ホシ學ヲ修メ業ヲ習ヒ以テ智能ヲ啓發シ德器ヲ成就シ進テ公益ヲ廣メ世務ヲ開キ常ニ國憲ヲ重シ國法ニ遵ヒ一旦緩急アレハ義勇公ニ奉シ以テ天壤無窮ノ皇運ヲ扶翼スヘシ是ノ如キハ獨リ朕カ忠良ノ臣民タルノミナラス又以テ爾祖先ノ遺風ヲ顯彰スルニ足ラン

斯ノ道ハ實ニ我カ皇祖皇宗ノ遺訓ニシテ子孫臣民ノ倶ニ遵守スヘキ所之ヲ古今ニ通シテ謬ラス之ヲ中外ニ施シテ悖ラス朕爾臣民ト倶ニ拳々服膺シテ咸其德ヲ一ニセンコトヲ庶幾フ

明治二十三年十月三十日

御名御璽

注31　**ヤマギシ会**

山岸巳代蔵（1901〜1961）の創始による、無所有・共用・共活を行動原理とする日本最大のコミューン。正式名称は幸福会ヤマギシ会で、農事組合法人の形をとっている。「自然と人為、即ち天・地・人の調和をはかり、豊富な物資と、健康と、親愛の情に充つる、安定した、快適な社会を人類にもたらすこと」を趣旨とする。

注32　**46答申**

１９７１（昭和46）年の中央教育審議会（中教審）答申。高等教育の大衆化時代における教育制度のあり方全体を提言したものとして注目された。１９６６（昭和41）年の中教審答申「期待される人間像」に示された、工業化社会における産業構造に適した人材配分装置としての学校制度という考え方を踏まえ、多様なデータ資料にもとづいて行った点が特色である。

注33　**臨時教育審議会（臨教審）**

１９８４（昭和59）年、中曾根内閣によって設置された総理大臣に対して教育改革の審議を行う行政機関。１９８７（昭和62）年に解散するまで４回の答申を行い、個性尊重の原則を掲げて生涯学習体系への移行などの改革を打ち出した。

注34　**国葬令**

１９２６（大正15）年に制定された勅令。天皇・太皇太后・皇太后・皇后の大喪儀や皇太子・皇太子妃・皇太孫・皇太孫妃および摂政たる皇族の喪儀はすべて国葬であり、国家に功労のあった者（皇族を含む）に対しては特旨をもって国葬とされた。その経費は国庫から支払われた。1947（昭和22）年に失効。

注35　**宗教法人法第八十一条第一項**

宗教法人の解散命令に関しては、宗教法人法第八十一条に該当事由（同条第一項第一号～五号）などが定められている。

（宗教法人法第八十一条第一項：解散命令）

第八十一条第一項　裁判所は、宗教法人について左の各号の一に該当する事由があると認めたときは、所轄庁、利害関係人若しくは検察官の請求により又は職権で、その解散を命ずることができる。

一　法令に違反して、著しく公共の福祉を害すると明らかに認められる行為をしたこと。

二　第二条に規定する宗教団体の目的を著しく逸脱した行為をしたこと又は一年以上にわたつてその目的のための行為をしないこと。

三　当該宗教法人が第二条第一号に掲げる宗教団体である場合には、礼拝の施設が滅失し、やむを得ない事由がないのにその滅失後二年以上にわたつてその施設を備えないこと。

四　一年以上にわたつて代表役員及びその代務者を欠いていること。

五　第十四条第一項又は第三十九条第一項の規定による認証に関する認証書を交付した日から一年を経過している場合において、当該宗教法人について第十四条第一項第一号又は第三十九条第一項第三号に掲げる要件を欠いていることが判明したこと。

（以下略）

補足説明

◆宗教法人制度の概要

宗教法人は、宗教法人法にもとづいて法人格を与えられた法人である。以下、その制度の概要を紹介する。

・宗教法人制度の意義

宗教法人制度は、宗教団体に法人格を与えて、宗教団体が自由で自主的な活動を行うための財産や団体組織の管理の基礎を確保するための制度である。

憲法で保障されているように、個人が宗教を信仰したり宗教活動を行ったりすること、団体を作って宗教活動を行うことは自由である。団体で宗教活動を行う際に法人格を取得するかどうかも自由である。法人格を持たない団体のままでも、宗教活動を行うことができる。

ただし、任意団体では法律上の権利義務の主体となれず、不便に感じる場合もあり得る。たとえば、任意団体が所有する礼拝施設を登記する場合、任意団体名義では登記できないため、代表者個人の名義で登記をすることになる。

法人格を持つ場合は法人名義で不動産登記できるので、財産の管理や取引が安全で容易になる。宗教法人になると、礼拝用の建物やその敷地であることを登記することができ、差押禁止が保障されている。

・宗教法人になるには

宗教団体が宗教法人になるには、宗教法人法上の要件を満たした「宗教団体」でなければならず、宗教法人法の定めに沿った設立手続きを行う必要がある。

〈宗教法人になれる「宗教団体」の要件〉（宗教法人法第二条）

宗教法人になれる「宗教団体」は，宗教の教義をひろめ、儀式行事を行い、信者を教化育成することを主たる目的とした団体でなければならない。そのうえで、礼拝の施設を備えている団体であるか、その団体を包括する団体でなければならない。

〈宗教法人の設立の手続〉（同法第十二条〜第十五条等）

要件を満たした宗教団体が宗教法人になるには、以下の手続きを経る必要がある。

ア　規則の制定

宗教法人を設立するには、まずその宗教法人の運営のための根本的なルールである規則を作成する必要がある。

イ　設立の公告

信者を初めとする利害関係人に対して規則の案の要旨を示し、設立しようとする旨を公告しなければならない。

ウ　所轄庁の認証

宗教法人法は、認証制度を採用している。宗教団体が宗教法人になるには、申請をして「所轄庁」による「認証」を受けなければならないという制度である。

「所轄庁」は、原則としてその法人の主たる事務所の所在地の都道府県知事である。ただし、他の都道府県に境内建物を備える宗教法人、その法人を包括する宗教法人、他の都道府県にある宗教法人を包括する宗教法人については文部科学大臣が所轄庁となる。

「認証」とは、宗教法人法の要件が備えられていることを公の権威をもって確認するものである。宗教法人法の要件を備えていない者が宗教法人にならないための仕組みである。

宗教法人の設立後に規則を変更したり、合併・解散をしたりする際にも、所轄庁の認証が必要となる。

エ　設立の登記

所轄庁から認証書の交付を受けると、登記所に申請をして設立の登記をしなければならない。

以上の手続きなどを経て設立の登記が完了すると、その宗教団体は宗教法人となる。宗教法人になるとその法人は宗教法人法の適用を受け、これを遵守する義務が生じる。

・所轄庁の権限

宗教法人法には、宗教法人の公共性を維持しつつ、信教の自由を妨げないよう、法人の自主性を極力尊重するという特徴がある。そのため所轄庁は、法の要件が備えられていると認めたときは、裁量の余地なく認証しなければならない。

ただし、認証は機械的に行われるのではなく、所轄庁は、審査に当たって事実の存否に理由ある疑いを持つときには、その疑いを解明するための調査を行う。

認証の他に所轄庁に与えられている権限には、認証後1年以内の認証の取消し（同法第八十条）、公益事業以外の事業の停止命令（同法第七十九条）、裁判所への解散命令の請求（同法第八十一条）、などがある。これらの権限には厳格な要件があり、宗教法人審議会に諮問して意見を聞く必要があるなど、慎重さが求められている。

所轄庁の権限は、法定事項に限られている。信教の自由や政教分離といった憲法上の要請から、所轄庁には宗教法人の業務、財務に関する包括的な監督権限はなく、宗教上の事項については、いかなる形の調停や干渉もすることができない。

（文化庁ＨＰ「文化庁月報」平成25年9月号〈№.５４０〉特集「日本の宗務行政」を参

照）

◆宗務行政の主管部局課の変遷

文部省および文部科学省における宗務行政の主管部局課の名称の変遷をまとめると、以下の通りである（出典：文化庁ホームページ）。

・文部省宗教局（大正2年6月13日～昭和17年10月31日）
・文部省教化局宗教課（昭和17年11月1日～昭和18年10月31日）
・文部省教学局宗教課（昭和18年11月1日～昭和20年10月14日）
・文部省社会教育局宗務課（昭和20年10月15日～昭和21年3月29日）
・文部省大臣官房宗務課（昭和21年3月30日～昭和27年7月31日）
・文部省調査局宗務課（昭和27年8月1日～昭和41年4月30日）
・文部省文化局宗務課（昭和41年5月1日～昭和43年6月14日）
・文化庁文化部宗務課（昭和43年6月15日～）

装丁　若菜啓
企画・制作　青文舎（西垣成雄　宮崎守正）
編集協力　田中智沙

島田裕巳（しまだひろみ）
1953年、東京都生まれ。作家、宗教学者、東京女子大学非常勤講師。1976年、東京大学文学部宗教学宗教史学専修課程卒業。84年、同大学大学院人文科学研究科博士課程修了（宗教学専攻）。日本女子大学教授、東京大学先端科学技術研究センター特任研究員などを歴任。著書に『自然葬のススメ』（徳間書店）、『葬式は、要らない』（幻冬舎）、『「人間革命」の読み方』（ベストセラーズ）、『宗教は嘘だらけ』（朝日新聞出版）、『性（セックス）と宗教』（講談社）、『葬式消滅』（G.B.）などがある。

前川喜平（まえかわきへい）
1955年、奈良県生まれ。79年に東京大学法学部卒業後、文部省（現文部科学省）に入省。文部大臣秘書官、文化庁宗務課長、初等中等教育局財務課長、大臣官房長、初等中等教育局長などを経て、2016年文部科学事務次官。17年、違法天下り斡旋問題で引責辞任。同年、加計学園問題で国会参考人として証言。著書に『面従腹背』『権力は腐敗する』（ともに毎日新聞出版）などがある。現代教育行政研究会代表、日本大学文理学部非常勤講師。福島市と厚木市で自主夜間中学のボランティア講師も務める。

政治と宗教　この国を動かしているものは何か

2023年1月31日　初版第一刷発行

著　者　島田裕巳　前川喜平
発行者　小宮英行
発行所　株式会社徳間書店
〒141-8202　東京都品川区上大崎3丁目1番1号
目黒セントラルスクエア
電話　編集（03）5403-4344／販売（049）293-5521
振替　00140-0-44392
印刷・製本　大日本印刷株式会社

ISBN978-4-19-865595-2